O TRABALHO NÃO PRECISA SER UMA LOUCURA

JASON FRIED E DAVID HEINEMEIER HANSSON

O TRABALHO NÃO PRECISA SER UMA LOUCURA

Tradução de
Daniel Austie

Rio de Janeiro, 2020

Copyright © 2018 by Jason Fried and David Heinemeier Hansson. All rights reserved.
Título original: It Doesn't Have to Be Crazy at Work

Todos os direitos desta publicação são reservados à Casa dos Livros Editora LTDA. Nenhuma parte desta obra pode ser apropriada e estocada em sistema de banco de dados ou processo similar, em qualquer forma ou ameio, seja eletrônico, de fotocópia, gravação etc., sem a permissão do detentor do copyright.

Diretora editorial: *Raquel Cozer*
Gerente editorial: *Alice Mello*
Editor: *Ulisses Teixeira*
Copidesque: *Carolina Vaz*
Preparação de original: *Marcela Isensee*
Revisão: *Rayssa Galvão*
Capa: *Cortesia dos autores*
Adaptação de capa: *Julio Moreira | Equatorium*
Ilustrações: *Jason Zimdars*
Diagramação: *Abreu's System*

CIP-Brasil. Catalogação na Publicação
Sindicato Nacional dos Editores de Livros, RJ

F946t
    Fried, Jason
        O trabalho não precisa ser uma loucura / Jason Fried, David Heinemeier; tradução Daniel Austie. – 1. ed. – Rio de Janeiro: Harper Collins, 2020.
        240 p.

    Tradução de: It doesn't have to be crazy at work
    ISBN 9788595085473

    1. Trabalho – Aspectos psicológicos. 2. Comportamento organizacional. 3. Qualidade de vida no trabalho. I. Heinemeier, David. II. Austie, Daniel. III. Título.

20-62738   CDD: 650.1
                              CDU: 005.32:331.101.3

Meri Gleice Rodrigues de Souza – Bibliotecária CRB-7/6439

Os pontos de vista desta obra são de responsabilidade de seu autor, não refletindo necessariamente a posição da HarperCollins Brasil, da HarperCollins Publishers ou de sua equipe editorial.

HarperCollins Brasil é uma marca licenciada à Casa dos Livros Editora LTDA.
Todos os direitos reservados à Casa dos Livros Editora LTDA.
Rua da Quitanda, 86, sala 218 — Centro
Rio de Janeiro, RJ — CEP 20091-005
Tel.: (21) 3175-1030
www.harpercollins.com.br

Sumário

Para começar
    O trabalho está uma loucura   11
    Um pouco sobre nós   16
    Sua empresa é um produto   17

Contenha suas ambições
    Dê um basta no trabalho incansável   25
    Pacifistas felizes   27
    Nossa meta é não ter metas   30
    Não mude o mundo   36
    Vá criando ao longo do caminho   38
    É legal estar confortável   40

Defenda seu tempo
    Oito é o suficiente, quarenta é o bastante   47
    Protecionismo   49
    A qualidade de uma hora   51
    Eficácia > Produtividade   56
    O mito do trabalho árduo   58
    O trabalho não acontece no local de trabalho   60
    Horário de atendimento   62
    O tetris da agenda   66
    A prisão da presença   68
    Eu respondo quando der   70
    FOMO? JOMO!   72

Alimente sua cultura

Nós não somos uma família	79
O que importa é o que você faz	81
A bateria da confiança	83
Não seja o último a saber	85
A palavra do dono pesa uma tonelada	90
Pequenas conquistas ainda podem estar fora do alcance	92
Não perca horas de sono	95
Falta de equilíbrio	98
Contrate o trabalho, não o currículo	102
Ninguém "já vem pronto"	105
Ignore a disputa por profissionais talentosos	107
Não negocie salários	109
Quem está se beneficiando?	116
Regras da biblioteca	119
Nada de férias falsas	122
Despedidas calmas	125

Disseque seus processos

A hora errada para o tempo real	133
Prazos impossíveis	136
Não aja por impulso	139
Cuidado com as semanas de doze dias	141
O novo normal	146
Hábitos ruins superam boas intenções	148
Independência	150
Comprometimento, não consenso	152
Comprometer a qualidade	155
Diminua o trabalho enquanto o realiza	157

Por que não aceitar o "nada"?	159
Já é o suficiente	161
As piores práticas	164
Custe o que não custar	170
Tenha menos para fazer	172
Uma empresa de três	174
Seja persistente	176
Aprenda a dizer não	178

Cuide de seu negócio

Arriscar sem correr riscos	185
Celebrando as estações	187
O lucro traz a calma	189
Perdendo valor	194
Lance e aprenda	197
Prometa não fazer promessas	199
Cópias	204
Controle de mudanças	206
Startups são fáceis, e stay-ups, difíceis	209
Não é grande coisa ou é o fim do mundo?	214
Os bons e velhos tempos	216

Para finalizar

Escolha a calma	223
Bibliografia	229
Contato	233
Dedicatória	235
Sobre os autores	237

Para começar

O trabalho está uma loucura

Com que frequência você ouve alguém dizer: "meu trabalho está uma loucura"? Talvez você mesmo já tenha dito algo assim. Para muitos, a loucura do trabalho acabou se tornando algo normal. Mas por que tem que ser tão insano?

Há duas grandes razões: (1) O dia de trabalho vem sendo dividido em pequeninos e fugazes momentos de afazeres reais constantemente bombardeados por distrações físicas e virtuais. E (2) uma obsessão pouco saudável por crescer a qualquer custo, estabelecida com base em expectativas irreais que acabam aumentando os níveis de estresse.

Não é de se admirar que as pessoas estejam trabalhando por períodos mais longos, chegando mais cedo e ficando até mais tarde no escritório, resolvendo pendências nos fins de semana e sempre que têm um tempinho sobrando. Não dá mais para finalizar as tarefas no horário de trabalho, o que faz com que a vida se transforme em sobras de trabalho. É como se todo dia levássemos uma marmita de trabalho para casa.

Para piorar, a rotina de longas horas, estar sempre ocupado e dormir pouco acabaram virando motivo de orgulho. Chegar à exaustão não é motivo para se orgulhar. Na verdade, é um indício de burrice.

E não estou falando apenas sobre funcionários de empresas e instituições. Trabalhadores individuais, autônomos e empreendedores estão se esgotando do mesmo jeito.

Talvez você pense que, com todas as horas a mais que passamos no escritório e a promessa das novas tecnologias, a carga de trabalho esteja diminuindo. Mas não está. Na verdade, está aumentando.

Mas o fato é que essa maior quantidade de trabalho não surgiu assim, de repente. O problema é que, hoje em dia, dificilmente conseguimos trabalhar de forma ininterrupta. As pessoas trabalham mais, mas realizam menos tarefas. A princípio, isso parece não fazer muito sentido, mas, para entender, basta considerarmos a enorme quantidade de tempo que é gasta com coisas que não importam.

Das tais sessenta, setenta ou até oitenta horas semanais que muitos acabam sendo forçados a cumprir, quantas são usadas para exercer o trabalho de fato? E quantas são desperdiçadas em reuniões, com o funcionário se deixando levar por distrações ou até envolvido em práticas coorporativas ineficientes? A maior parte.

A solução não está em mais horas de trabalho, mas em menos conversa fiada. Menos perda de tempo, em vez de mais produção. E muito menos distrações, ansiedade e estresse.

O estresse é passado da empresa para o funcionário, que o repassa para os outros funcionários. Por fim, passa dos funcionários para o cliente. E o estresse nunca fica no trabalho. Ele permeia toda a vida: infecta seu relacionamento com os amigos, com a família, com os filhos.

As promessas não param. Há cada vez mais maneiras para administrar o tempo, mais formas de se comunicar. E novas demandas se acumulam. É preciso prestar atenção em mais discussões que muitas vezes acontecem em diversos ambientes. É preciso dar um retorno em questão de minutos. Sempre mais e mais rápido. E para quê?

Se o trabalho está sempre uma loucura, nós temos cinco palavras para você: que se foda isso tudo! E outras duas: já chega!

Está na hora de as empresas pararem de exigir que os funcionários busquem a todo custo chegar mais alto, alcançar alvos cada vez mais artificiais impostos pelo ego. Está na hora de dar às pessoas o tempo de trabalho sem interrupções que grandes realizações demandam. Está na hora de parar de achar normal que o trabalho esteja uma loucura.

Trabalhamos há quase vinte anos para tornar a Basecamp uma empresa calma. Uma empresa que não estressa seus funcionários, que não exige retornos o mais rápido possível, com prazos curtos ou noites viradas. Sem promessas impossíveis, sem uma grande rotatividade, prazos constantemente descumpridos ou projetos que parecem nunca ser finalizados.

Nada de crescimento a qualquer custo. Nada dessa ideia falsa de que todos estão muito ocupados. Nada de objetivos guiados pelo ego. Nada de clima de competição. Nada de grandes alarmes ou urgências. E ainda assim lucramos ano após ano, desde o começo.

Nós nos estabelecemos em um dos mercados mais competitivos do planeta. Além das gigantes da tecnologia, a indústria dos softwares é dominada por startups que contam com milhões de dólares em capital de risco. Nós não captamos nenhum dinheiro dessa forma. De onde vem nossa receita? Dos clientes. Há quem nos chame de antiquados.

Sendo uma companhia de softwares, espera-se que estejamos totalmente inseridos no Vale do Silício, mas não temos sequer um funcionário por lá. Na verdade, nossa equipe de 54 profissionais está espalhada em trinta cidades diferentes pelo mundo.

Nossa carga horária é de quarenta horas semanais na maior parte do ano e de apenas 32 durante o verão. A cada três anos, mandamos nosso pessoal para períodos sabáticos de um mês inteiro. Não damos apenas férias remuneradas aos funcionários, nós pagamos pelas férias em si.

Não, nada de trabalhar às nove da noite de uma quarta-feira. O que quer que seja pode esperar até as nove da manhã da quinta. Não, ninguém precisa trabalhar no domingo. Só na segunda.

Passamos por momentos ocasionais de estresse? Claro que sim, é a vida. Todo dia é uma maravilha? Claro que não. Estaríamos mentindo se disséssemos que é. Mas damos nosso melhor para garantir que os dias ruins sejam uma exceção. No geral, somos calmos (por escolha e adquirindo certa prática). E somos assim de propósito. Tomamos decisões diferentes das tomadas pelas outras empresas.

Construímos nossa empresa de forma diferente. E estamos aqui para contar a você sobre as escolhas que fizemos e por que acabamos decidindo seguir muitas delas. Toda empresa tem possibilidade de tomar decisões similares. Para conseguir, você precisa querer, mas, ao fazer isso, vai perceber que do lado de cá tudo é mais agradável. Você também pode ter uma empresa calma.

O ambiente de trabalho dos dias de hoje está doente. O caos não deveria ser tão natural nos escritórios. Ansiedade não é um pré-requisito para o crescimento. Passar o dia em reuniões não é a chave para o sucesso. Essas coisas são perversões do trabalho, são efeitos colaterais de modelos desgastados e acabam sendo práticas suicidas. Dê um passo para trás e deixe os idiotas pularem do penhasco.

Ser calmo é proteger o tempo e a atenção das pessoas.
Ser calmo é uma carga horária de quarenta horas semanais.
Ser calmo é ter expectativas razoáveis.
Ser calmo é ampliar o tempo de descanso.
Ser calmo é pensar menor.
Ser calmo é manter os olhos no horizonte.
Ser calmo é marcar reuniões apenas como último recurso.
Ser calmo é esperar a resposta primeiro. Evitar demandas em tempo real.
Ser calmo é ser mais independente e menos codependente.
Ser calmo é adotar práticas sustentáveis de longo prazo.
Ser calmo é ter rentabilidade.

Um pouco sobre nós

Nós somos Jason e David. Estamos à frente da Basecamp desde 2003. Jason é o CEO, David é o CTO. E somos os únicos chefes da empresa.

Basecamp é o nome da empresa, mas também o nome do nosso produto. O Basecamp, produto, é um software com servidores em nuvem que ajuda as empresas a organizarem todos os projetos e toda a comunicação interna em um só espaço. Quando tudo está no Basecamp, as pessoas sabem o que precisam fazer e onde tudo está, as coisas são fáceis de serem encontradas e nada se perde na confusão.

Na gestão do nosso negócio, testamos muitas coisas ao longo do tempo. Neste livro, queremos compartilhar tudo o que funcionou conosco, incluindo observações e percepções do que torna um negócio saudável, longevo e sustentável. Assim como todos os conselhos do mundo, sua experiência pode variar em relação à nossa. Veja essas ideias como uma inspiração para a mudança, não como uma espécie de doutrina divina.

Por fim, usamos as palavras "louco" e "loucura" neste livro da mesma forma que as pessoas descrevem o trânsito na hora do rush, o clima lá fora e as filas imensas nos aeroportos. Quando dizemos "louco", estamos falando de situações, não de pessoas.

Dito isso, vamos começar.

Sua empresa é um produto

Tudo começa com esta ideia: sua empresa é um produto.

Sim, os bens que você cria são produtos (ou serviços), mas sua empresa é a coisa que produz esses produtos. E sua empresa deve sempre ser seu melhor produto.

Tudo neste livro gira em torno dessa ideia. Como no desenvolvimento de um produto, o progresso é conquistado por meio da repetição de processos. Se quiser fazer com que seu produto seja melhor, é preciso estar sempre ajustando, revisando e repetindo processos. E isso também vale para a sua empresa.

Mas quando se trata de empresas, muitas permanecem as mesmas. Talvez mudem os produtos, mas o modo como os produzem continua o mesmo. As empresas escolhem uma maneira de trabalhar lá no início e a mantêm pela eternidade. O que quer que esteja em voga quando começaram seu negócio acaba enraizado e se torna permanente. As políticas da empresa são inalteráveis. E a empresa se torna refém de si mesma.

Mas quando você pensa em sua empresa como um produto, começa a fazer perguntas diferentes: meus funcionários sabem como fazer uso da empresa? Isso é algo simples ou complexo? O funcionamento da empresa é óbvio? No que ela é rápida? E no que é lenta? Há problemas ou bugs nos processos?

O que podemos consertar rapidamente e o que vai precisar de mais tempo para ser ajustado?

Uma empresa é como um software. Precisa ser útil e fácil de usar. E provavelmente tem problemas, áreas em que acaba empacando por conta de uma estrutura organizacional ruim ou equívocos habituais.

Quando você começa a vislumbrar sua empresa como um produto, novas possibilidades de melhorias surgem a todo o momento. Quando você percebe que a forma como trabalha é maleável, pode começar a moldar algo novo, melhor.

Nós trabalhamos em um projeto por seis semanas, e então nos afastamos por duas semanas, para espairecer e aliviar a pressão. Isso não foi algo que simplesmente teorizamos que seria a melhor forma de trabalhar. Quando começamos, trabalhávamos nos projetos pelo tempo que precisávamos para entregá-los. Porém, logo percebemos que eles pareciam não terminar nunca. Então estabelecemos um período fixo de três meses até a entrega. Mas ainda achávamos muito tempo. Então testamos períodos ainda mais curtos, até acabarmos com ciclos de seis semanas. Nós experimentamos várias opções diferentes até uma funcionar. Vamos falar mais sobre isso ao longo do livro.

Adotamos a comunicação assíncrona (por meio de e-mails e transferência de arquivos, sem a necessidade de ser em tempo real), mas não porque simplesmente presumimos que seria melhor assim. Descobrimos isso depois de passar anos utilizando chats. Nós notamos que esse tipo de comunicação gerava distrações e diminuía a eficiência dos nossos funcionários, então encontramos uma forma melhor de nos comunicar. Vamos voltar a esse assunto um pouco mais à frente.

Também não fomos fundados com todos os benefícios que oferecemos hoje. Desbravamos o caminho até conquistá-los. No começo, não percebemos que pagar as férias dos funcionários seria melhor do que o bônus em dinheiro. Nós dávamos o bônus, mas percebemos que eram vistos simplesmente como parte do salário. Então aplicamos essa experiência para outros benefícios.

As negociações de salário tranquilas também foram uma conquista. Salários e aumentos eram motivo de estresse na Basecamp, assim como é na maioria das empresas. Até aprimorarmos, tentativa por tentativa, e encontrarmos um novo método. Isso também será discutido ao longo do livro.

Trabalhamos pela empresa com a mesma dedicação que oferecemos aos produtos. Normalmente se dá um número novo a cada versão dos softwares lançados. "Este é o iOS 10.1, 10.2, 10.5, 11 etc..." Pensamos em nossa empresa da mesma forma. Hoje, a Basecamp, LLC, é algo como a versão 50.3 de si mesma. E chegamos até aqui com diversas tentativas e investidas, descobrindo o que funciona melhor.

Infelizmente, administrar uma empresa calma não é o padrão. É preciso lutar contra os próprios instintos por um tempo. É preciso deixar as regras tóxicas de administração de lado e reconhecer que o trabalho estar sempre uma loucura não é o certo. A tranquilidade é seu destino, e vamos compartilhar com você como chegamos e nos instalamos lá.

Nossa empresa é um produto. E queremos que você também pense na sua como um produto. Não importa se você é o dono, o gerente, o administrador ou um "simples" funcionário, todos precisam estar envolvidos para fazer a empresa funcionar de um jeito ainda melhor.

O NATURALISTA INGLÊS
CHARLES DARWIN
ESCREVEU DEZENOVE
LIVROS, INCLUINDO
A ORIGEM DAS ESPÉCIES,
TRABALHANDO APENAS
QUATRO HORAS E
MEIA POR DIA.

Contenha suas ambições

Dê um basta no trabalho incansável

A *incansavelândia* conseguiu monopolizar o empreendedorismo. Atualmente há uma gama infinita de frases motivacionais sobre ter que trabalhar até não aguentar mais. É hora de dar um basta.

Dê uma busca por #empreendedor no Instagram. "As lendas nascem em meio à guerra"; "Você não precisa ser extremamente talentoso, só precisa ser extremamente comprometido"; "Seus objetivos não ligam para como você está se sentindo". E continua nesse estilo até você querer vomitar.

Essa ideia de precisar ser incansável pode ter começado como uma suposta chance para os que têm poucas oportunidades superarem os que têm muitas, mas hoje em dia é só um sinônimo de *exaustão*.

E embora haja uma ínfima minoria que de alguma forma encontra suas respostas na exaustão, incontáveis pessoas acabam danificadas, esgotadas e reduzidas a cinzas, sem nenhum bom resultado. E tudo isso para quê?

Você não vale mais, na derrota ou na vitória, porque teve que sacrificar tudo. Porque continuou em frente, mesmo com toda a dor e exaustão, em busca de um prêmio melhor. As vivências humanas são muito mais do que um trabalho incansável, imparável e com dedicação máxima.

Além de tudo, essas ideias são péssimos conselhos. Você tem menos chance de ter aquele insight ou aquela ideia revolucionária quando já estiver chegando à 14ª hora de trabalho do dia. Criatividade, progresso e impacto positivo não funcionam à base da força.

Essa ideia vem principalmente de quem está inserido no mundo das pessoas criativas. Os redatores, programadores, designers e criadores de produtos, por exemplo. Provavelmente há trabalhos predominantemente físicos nos quais uma grande dedicação gera um grande resultado. Pelo menos por um tempo.

Mas é raro ouvir falar de pessoas que trabalham em três empregos por necessidade, ganhando pouco, e que sentem orgulho da exaustão. Apenas os dissimulados, aqueles que não estão exatamente sofrendo para garantir sua subsistência, sentem a necessidade de se gabar sobre seus imensos sacrifícios.

O empreendedorismo não precisa ser esse conto épico e feroz de luta pela sobrevivência. Na maior parte do tempo, é muito mais monótono do que isso. Menos parecido com saltar sobre carros explodindo e cenas de perseguições cheias de adrenalina, e mais parecido com assentar tijolos e dar mais uma demão de tinta.

Então, a partir de agora você tem a nossa permissão para dar um basta no trabalho incansável. Para se dedicar a ter um bom dia de trabalho, dia após dia, mas nada mais do que isso. Você pode ir se divertir com seus filhos e ainda assim ser um empreendedor de sucesso. Você pode ter um hobby. Pode cuidar da saúde. Pode ler um livro. Pode assistir a um filme bobo com quem você ama. Dá para tirar um tempo e preparar uma boa refeição. Dá para fazer uma longa caminhada. E dá para fazer nada de vez em quando.

Pacifistas felizes

O mundo dos negócios é obcecado por lutar, vencer, dominar e destruir. Esse conjunto de hábitos, ideias e costumes transforma os homens de negócio em pequeninos Napoleões. Não basta, para eles, deixar sua marca no universo. Eles precisam conquistar a porra do universo inteiro.

Empresas que vivem nesse mundo de soma-zero (teoria na qual para que uma parte vença, a outra necessariamente tem que perder) não "ganham espaço no mercado", elas "invadem o mercado". Não servem os clientes. Na verdade, os "capturam". Desenham um "alvo" em seus clientes, empregam "exércitos" de vendas, contratam "caçadores" de talentos, elegem suas "batalhas" e, por fim, "destroem" o alvo.

Essa linguagem de guerra acaba criando histórias horríveis. Quando você enxerga a si mesmo como um comandante militar que precisa eliminar o inimigo (seus competidores), é muito mais fácil justificar truques sujos e uma moral deturpada. E, quanto maior a batalha, mais sujeira gera.

Há quem diga que "vale tudo no amor e na guerra". O problema é que isso não é amor, tampouco é guerra. São negócios.

Não é fácil escapar das tropas de guerra e conquista no mundo dos negócios. A mídia especializada fala de empresas rivais como se fossem facções. O sexo vende, a guerra vende, e as batalhas entre companhias são como pornô das seções de negócios das revistas.

Mas esse padrão não faz mais sentido para nós.

Nós viemos em paz. Não temos ambições imperialistas. Não estamos tentando dominar uma indústria ou um mercado. Desejamos que todos se deem bem. Não precisamos tirar do outro para conquistarmos nossa tão merecida parcela.

Qual é a nossa participação no mercado? Não sabemos e não estamos nem aí. É irrelevante. Temos um número de clientes suficiente para pagar nossos custos e gerar algum lucro? Sim. Esse número cresce a cada ano? Sim. E isso basta. Não importa se temos 2% de participação no mercado, ou 4% ou 75%. O que importa é que temos um negócio saudável, que funciona, despesas sob controle e vendas lucrativas.

Além do mais, é preciso definir o tamanho do mercado para descobrir sua participação nele. Até a impressão deste livro, tínhamos mais de 100 mil empresas pagando mensalmente pelos serviços da Basecamp. E isso gera dezenas de milhões de dólares de lucro anual. Temos certeza de que é apenas uma pequena fração do mercado, mas estamos tranquilos quanto a isso. Estamos prestando ótimos serviços, e nossos clientes são ótimos conosco em resposta. É isso que importa. Dobrar, triplicar, quadruplicar a participação no mercado não é importante.

Muitas empresas se guiam por comparações em geral. Não apenas se estão em primeiro, segundo ou terceiro lugar nos rankings de seu segmento, mas qual o seu desempenho, área por área, em relação aos seus maiores concorrentes. Quem está ganhando que prêmios? Quem está arrecadando mais dinheiro? Quem consegue mais tempo de mídia? Por que estão patrocinando a conferência deles, e não a sua?

Mark Twain foi direto ao ponto: "Comparação é a morte da alegria". Nós concordamos com você, Mark.

Por aqui, não fazemos comparações. O que os outros fazem não afeta nossas capacidades e possibilidades, o que desejamos ou o que escolhemos fazer. Não há batalhas na Basecamp, não há inimigos. Apenas a satisfação de fazer o melhor trabalho possível de acordo com nossa felicidade e com as demandas dos nossos clientes.

A única coisa que estamos tentando destruir são ideias antiquadas.

O oposto de conquistar o mundo não é o fracasso, mas sim a contribuição. Ser um entre diversas opções em um mercado é uma virtude que permite aos consumidores a chance de fazer uma escolha verdadeira. Se consegue compreender isso, fica mais fácil refutar as metáforas sobre guerra no mundo dos negócios. E elas precisam ser refutadas. Porque, no fim das contas, você prefere vencer um desafio imaginário atirando areia na cara dos seus concorrentes ou entregando o melhor produto que você pode entregar?

Nossa meta é não ter metas

Metas trimestrais. Metas anuais. Metas enormes e cabeludas.

"Crescemos 14% no último trimestre, então agora vamos almejar um crescimento de 25%."

"Vamos chegar a cem funcionários esse ano."

"Vamos conseguir aquela história para a capa da revista, para que finalmente nos levem a sério."

A sabedoria de estabelecer metas — sempre dando o máximo para ser maior e melhor — é tão enraizada que parece que tudo o que nos resta é debater se as metas são ambiciosas o suficiente.

Agora imagine a reação das pessoas quando contamos que não traçamos metas. Nenhuma. Nem de prospecção de clientes, nem de vendas, nem de faturamento ou de lucro, tampouco metas para alcançar uma receita específica (a não ser a necessidade de lucrar). Estamos falando sério.

Essa mentalidade contra as metas com certeza fez da Basecamp uma pária no mundo dos negócios. Fazemos parte da minoria. Somos aqueles que simplesmente "não sabem como a coisa funciona".

Mas nós sabemos como a coisa funciona — só não nos importamos. Não ligamos para a necessidade de fazer mais e mais dinheiro e não precisamos espremer nossas fontes até secá-las. De qualquer forma, as últimas gotas de um limão são sempre muito azedas.

Estamos interessados em aumentar o nosso lucro e o nosso faturamento? Sim. Em ser mais eficazes? Sim. Queremos criar produtos mais facilmente, mais rapidamente e com mais utilidades? Sim. Almejamos ter clientes e funcionários mais felizes? Sim, com certeza. Amamos aprimorar processos e evoluir? Claro.

Desejamos fazer tudo de um jeito melhor? O tempo todo. Mas queremos estar o tempo todo hiperbolizando a nossa ideia de "melhor", traçando novas metas? Não, obrigado.

É por isso que não temos metas na Basecamp. Não tínhamos quando começamos e atualmente, quase vinte anos depois, continuamos sem. Nós simplesmente realizamos nosso melhor trabalho todos os dias.

Houve um breve momento em que mudamos esse pensamento. Estabelecemos uma grande meta de faturamento — um desses números enormes, com nove dígitos. "Por que não?", pensamos. "Podemos fazer isso!" Mas, depois de perseguir esse objetivo por um tempo, repensamos. E a resposta para o "Por que não?" pareceu muito clara. "Porque (1) é desonesto da nossa parte fingir que ligamos para um número que simplesmente criamos, e (2) porque não estamos dispostos a realizar os compromissos culturais necessários para alcançar esse número."

Precisamos encarar os fatos: metas são mentiras. Quase todas são números artificiais criados apenas com o objetivo de "estabelecer metas". Tais números inventados passam a agir como uma fonte de estresse desnecessário, até que sejam alcançados ou abandonados. E, quando isso acontece, exigem de você que escolha um novo número e se estresse novamente. A corrida nunca para quando se alcança a meta trimestral. O ano tem quatro trimestres. A década tem quarenta. E cada um precisa produzir, exceder e alcançar EXPECTATIVAS.

Por que alguém faria isso consigo mesmo e com seu negócio? Realizar um trabalho ótimo e criativo já é difícil o bastante. Assim como construir um negócio duradouro e sustentável, com uma equipe feliz. Então por que impor um número aleatório para pairar sobre o seu trabalho, o seu salário, a sua participação nos lucros e a poupança para a faculdade dos seus filhos?

Além disso, há um lado ainda mais obscuro ao se estabelecer metas: a prática costuma levar as empresas a comprometer a moral, a honestidade e a integridade na missão de alcançar um número. As melhores intenções acabam vacilando quando estão todos focados em bater uma meta. É preciso aumentar um pouco a margem de lucro? Vamos negligenciar a qualidade por um tempo. Mais 800 mil dólares precisam entrar em caixa para bater a meta? Vamos fazer com que os clientes tenham mais dificuldade para solicitar reembolsos por não estarem satisfeitos.

Você já tentou cancelar um serviço com uma companhia telefônica? Não é algo inerentemente complicado. Mas muitas empresas de telefonia fazem com que seja um processo difícil porque têm metas para bater. As empresas querem que seja difícil para você cancelar para que seja fácil para elas alcançar os números.

Nem mesmo nós ficamos imunes a esse tipo de pressão. Nos meses em que tentamos alcançar esse número enorme de nove dígitos, acabamos lançando diversos projetos dos quais, na melhor das hipóteses, tínhamos alguma desconfiança e, na pior das hipóteses, fizeram com que nos sentíssemos um pouco desonestos. Como quando gastamos rios de dinheiro no Facebook, no Twitter e no Google para aumentar nosso número de seguidores. Gastar tanto dinheiro para promover uma erosão da privacidade alheia e fragmentar a atenção das pessoas só fez com que nos sentíssemos contaminados, mas fechamos nossos olhos por um tempo porque, veja só, estávamos perseguindo um número enorme. Que ideia merda.

Faça algo que seja realmente audacioso: nada de alvos, nada de metas.

Você com certeza pode administrar um negócio incrível sem estabelecer uma meta sequer. Você não precisa de uma ideia falsa para realizar algo de verdade. E, se precisar ter uma meta, que tal almejar por simplesmente continuar no mercado? Ou oferecer o melhor serviço aos seus clientes? Ou ser uma ótima empresa para se trabalhar? Só porque essas metas são mais difíceis de quantificar não significa que sejam menos importantes.

ATUL GAWANDE, CIRURGIÃO E AUTOR DE QUATRO BEST-SELLERS, RESERVA 25% DO SEU TEMPO PARA TAREFAS IMPORTANTES QUE NÃO ESTÃO NA AGENDA. ASSIM, EVITA SER ENGOLIDO POR E-MAILS E REUNIÕES.

Não mude o mundo

O mundo dos negócios sofre com uma hiperinflação da ambição. Ninguém liga mais para criar um bom produto ou garantir um ótimo serviço. Não, hoje em dia todos querem ESSA COISA TOTALMENTE NOVA QUE VAI MUDAR O MUNDO. Mil revoluções prometidas, todas de uma só vez. Até parece.

Nada define isso melhor do que a paixão por romper com os paradigmas. Todo mundo quer ser um revolucionário. Descumprir todas as regras (e diversas leis). Virar do avesso todas as indústrias. Mas, se você rotula seu trabalho como revolucionário, é porque provavelmente não é.

A Basecamp não está mudando o mundo. Está tornando mais fácil a comunicação e a colaboração entre empresas e suas equipes. Isso é totalmente válido e é um negócio maravilhoso, mas não estamos redefinindo a história do planeta. E tudo bem.

Ao parar de pensar que precisa mudar o mundo, você tira um tremendo peso das suas costas e das costas de todos ao seu redor. A desculpa conveniente de que precisamos trabalhar o tempo inteiro deixa de existir. A oportunidade de mais um bom dia de trabalho virá no dia seguinte, mesmo se você for para casa em um horário razoável.

Logo, fica muito mais difícil justificar aquelas reuniões às nove da noite ou a correria de trabalho nos fins de semana. E, de bônus, você não vai parecer um fanfarrão delirante quando falar do trabalho na próxima reunião de família. "O que eu faço?

Ah, eu trabalho na empresa EmojidePet, a gente está mudando o mundo ao revolucionar o mercado de planos de saúde para animais de estimação." Seeeeei.

Prepare-se para realizar um bom trabalho. Para ser justo em suas negociações com os clientes, os funcionários e a realidade. Passe uma boa impressão para as pessoas com as quais tenha contato e se preocupe menos (ou não se preocupe com nada) com mudar o mundo. É pouco provável que você mude o mundo. E se mudar, não vai ser porque anunciou isso para todos.

Vá criando ao longo do caminho

Nós não fazemos grandes planos na Basecamp. Nem para a nossa empresa, nem para o nosso produto. Não temos nenhum plano para os próximos cinco anos. Não temos nenhum plano para os próximos três anos. Nem mesmo para o próximo ano. Nada disso.

Não começamos nosso negócio com um plano e não vamos nos basear em um plano para administrá-lo. Ao longo de quase vinte anos, fomos descobrindo os processos à medida que os realizávamos, semana após semana.

Para muitos, isso pode parecer falta de visão a longo prazo. E estão certos. Nós olhamos para o que está à frente, e não para tudo o que poderíamos imaginar.

Planejamentos a curto prazo acabaram desprestigiados, mas acreditamos que isso é injusto. A cada seis semanas, decidimos quais serão nossos próximos trabalhos. E esse é o único plano que temos. Qualquer coisa para além dessas seis semanas é considerado um "talvez, vamos ver no que dá".

Quando você persiste em planejar a curto prazo, sempre pode mudar de ideia. E isso é um alívio enorme! Acaba com a pressão para fazer planos perfeitos e com todo o estresse aliado a isso. Simplesmente acreditamos que é melhor conduzir o barco com mil ideias ao longo do curso do que com poucos movimentos bruscos planejados muito antes do necessário.

Além disso, planejamentos em longo prazo geram uma falsa sensação de segurança. Quanto mais cedo você admitir que não faz a menor ideia de como o mundo vai estar daqui a cinco, três ou até mesmo um ano, mais cedo poderá se livrar do medo de tomar aquela enorme decisão errada anos antes de descobrir que errou. Nada é uma ameaça quando você não faz previsões.

A ansiedade em ambientes corporativos ataca com força total quando se percebe que a empresa vem cometendo erros, mas que é tarde demais para mudar de rumo por conta do "planejamento". "Precisamos estar um passo à frente!" Insistir em estar um passo à frente com uma ideia ruim só porque essa ideia um dia pareceu boa é uma perda trágica de energia e talento.

Quanto mais à frente você está de alguma coisa, mais indistinta ela se torna. O futuro se torna abstrato, regido por um milhão de variáveis que você não consegue controlar. A melhor informação que poderá ter sobre uma decisão virá no momento de sua execução. Nós esperamos por momentos assim para agir.

É legal estar confortável

A noção de que você precisa estar *constantemente* se esforçando para sair da zona de conforto é o tipo de absurdo batido, porém recorrente, que encontramos em textos corporativos. É a ideia de que você não está se esforçando o suficiente, não está dando tudo de si, a não ser que esteja desconfortável com suas atividades. Como é que é?

Não existe lógica em pensar que o progresso requer desconforto ou sofrimento. NO PAIN NO GAIN! é uma frase que fica bonita em um pôster na academia, mas malhar e trabalhar são coisas completamente diferentes. E, para sermos francos, você também não precisa de dor para ficar mais saudável.

É claro que às vezes estamos prestes a alcançar um objetivo e pode ser *temporariamente* desconfortável ou até, sim, doloroso, dar os últimos passos. Mas isso deve ser a exceção, não a regra.

Trocando em miúdos, a ideia de ter que se forçar ao máximo para alcançar o próximo nível não combina muito com a gente. Frequentemente não é se forçando que você vai ter ganhos, mas mergulhando, indo mais fundo, se voltando ao máximo para a própria mente. É na profundidade, não na expansão, que conseguimos nos superar.

Na maior parte do tempo, se você está desconfortável, é porque algo está errado. O desconforto é uma reação primal a uma situação ruim ou questionável, seja trabalhar por horas a fio sem perspectiva de fim, exagerar nos números da empresa para impressionar investidores ou vender informações privadas de clientes para anunciantes. Se você cria o hábito de suprimir todo o desconforto, vai acabar se perdendo, perdendo a sua conduta e a sua moral.

No caminho oposto disso, se prestar atenção ao seu desconforto e abrir mão do que quer que o esteja causando, você terá mais chances de encontrar o caminho certo. Nós da Basecamp nos deparamos com essa situação muitas vezes ao longo dos anos.

Foi o desconforto de saber que duas pessoas com as mesmas atribuições e no mesmo nível hierárquico estavam recebendo salários diferentes que nos levou a uma mudança na forma como estabelecemos as remunerações. E, assim, acabamos com as negociações individuais e com as diferenças salariais, adotando um sistema mais simples.

Foi nosso desconforto em trabalhar para outras pessoas em empresas que dependiam muito de capital de risco que nos manteve no caminho da independência financeira na Basecamp.

Estar confortável em sua área é essencial para ter uma empresa calma.

A AUTORA ISABEL ALLENDE TEM DOIS ESCRITÓRIOS. UM SEM TELEFONE OU INTERNET, SÓ PARA ESCREVER, E OUTRO PARA LIDAR COM QUESTÕES ADMINISTRATIVAS.

Defenda seu tempo

Oito é o suficiente, quarenta é o bastante

Trabalhar quarenta horas semanais é o bastante. O bastante para realizar um ótimo trabalho, ser competitivo, fazer tudo o que é importante.

Então essa é a nossa carga horária na Basecamp. Não mais do que isso. Menos também é aceitável. No verão, até folgamos às sextas e conseguimos trabalhar bastante em apenas 32 horas semanais.

Nada de virar a noite ou trabalhar nos fins de semana. Nada de "Estamos na correria, por isso tivemos que trabalhar setenta ou oitenta horas esta semana". Nada disso.

Essas quarenta horas semanais são compostas por oito horas diárias. E oito horas são, na verdade, um período bem longo. Um voo de Chicago até Londres dura isso tudo. Já esteve em um voo transatlântico? É uma viagem enorme! Você pensa que já está chegando, mas aí confere o relógio e percebe que ainda faltam três horas.

Todo dia seu trabalho dura o mesmo que um voo de Chicago para Londres. Mas por que o voo parece ser mais demorado do que o tempo que você passa no escritório? Porque o voo é ininterrupto. É um tempo contínuo. *Parece* demorado porque *é* demorado.

Seu tempo no escritório parece durar menos porque é picotado em dezenas de porções menores. A maioria das pessoas não tem um dia de trabalho de oito horas. Na verdade, têm poucas horas de trabalho. O resto do dia é tomado por reuniões, conferências on-line e outras distrações. Então, mesmo que você passe oito horas no escritório, vai parecer que foram apenas umas poucas horinhas.

Você pode estar pensando que deve ser estressante se afogar no trabalho por oito horas diárias, totalizando quarenta horas semanais. Não é. Porque nós não nos afogamos no trabalho. Não acumulamos. Trabalhamos em um ritmo equilibrado e relaxado. E, se depois das quarenta horas algum trabalho não está concluído na sexta às cinco da tarde, é retomado na segunda às nove da manhã.

Se você não consegue encaixar suas tarefas em quarenta horas semanais, o que precisa é melhorar a forma como planeja suas tarefas, não trabalhar por mais horas. A maioria das coisas que achamos que precisamos fazer não precisa ser feita. É uma escolha. E em geral é uma escolha infeliz.

Quando você corta o desnecessário, se atém ao que realmente precisa ser feito. E você só precisa de oito horas por dia, cinco dias por semana.

Protecionismo

Empresas adoram proteger.

Protegem sua marca com patentes e ações judiciais. Protegem seus dados e só compartilham segredos estabelecendo muitas regras, políticas e termos de confidencialidade e sigilo. Protegem seu dinheiro com orçamentos, comissões de gerenciamento e investimentos.

Guardam tantas coisas, mas frequentemente falham em proteger o que é ao mesmo tem seu bem mais vulnerável e precioso: o tempo e a atenção dos funcionários.

As empresas usam o tempo e a atenção dos empregados como se houvesse um suprimento infinito. Como se não custasse nada. Mas a verdade é que o tempo e a atenção dos funcionários são uma das fontes mais escassas que existem.

Na Basecamp, nossa maior responsabilidade é proteger o tempo e atenção da nossa equipe. Não dá para esperar que as pessoas realizem um trabalho incrível se não conseguem dedicar toda a sua atenção ao longo do dia. Atenção parcial nem chega a ser atenção.

Por exemplo, não temos reuniões de update na Basecamp. Todos conhecemos essas reuniões em que uma pessoa fala por um tempo, dividindo seus planos, e em seguida a próxima faz a mesma coisa. São uma perda de tempo. Por quê? Mesmo que pareça eficiente ter todo mundo junto ao mesmo tempo, não é.

Além de ser caro. Oito pessoas em uma sala por uma hora não vale o preço de uma hora. Vale o preço de oito horas.

No lugar de reuniões assim, na Basecamp pedimos que as pessoas façam updates por escrito, diária ou semanalmente, para que os outros leiam quando tiverem um tempo livre. Isso salva dezenas de horas por semana e permite que todos tenham mais porções de tempo ininterrupto. Reuniões tendem a dividir o tempo em "antes" e "depois". Livre-se dessas reuniões, e as pessoas de repente terão mais tempo para se dedicarem a seus trabalhos.

Você investe melhor o tempo e a atenção em notas maiores, se quiser pensar assim, e não em moedas avulsas e trocados. Pode investir em grandes períodos de tempo para realizar aquele trabalho minucioso e incrível que esperam que você faça. Quando não consegue esse tempo, é necessário pechinchar por tempo dedicado e focado, e você acaba sendo forçado a apertar seu projeto no meio de todas aquelas coisas pouco importantes, mas ainda assim obrigatórias, que tem que fazer a cada dia.

Não é de se estranhar que as pessoas estejam tendo resultados insuficientes e precisando trabalhar por mais horas, até tarde da noite e em fins de semana, para tentar compensar o tempo perdido. Onde mais podem encontrar tempo ininterrupto? É triste pensar que algumas pessoas acabem fazendo isso porque é o único período do dia em que podem se dedicar a si mesmas.

Então, tudo bem, seja um protecionista. Mas lembre-se de proteger aquilo que é mais importante.

A qualidade de uma hora

Há várias formas de fracionar sessenta minutos.

1 x 60 = 60
2 x 30 = 60
4 x 15 = 60
25 + 10 + 5 + 15 + 5 = 60

Todas as contas acima resultam em sessenta, mas formam tipos de hora totalmente distintos. O número final pode ser o mesmo, mas a qualidade não é. A qualidade da hora que desejamos é 1 x 60.

Uma hora fracionada não é realmente uma hora, e sim uma bagunça de minutos. É muito difícil conseguir realizar algo realmente significativo com um tempo tão desordenado. Uma hora de qualidade é 1 x 60, não 4 x 15. Um dia de qualidade é, no mínimo, 4 x 60, e não 4 x 15 x 4.

É difícil ser eficaz em horas fracionadas, mas é fácil ficar estressado. Por exemplo: 25 minutos em uma ligação, 10 conversando com um colega que chama a sua atenção com um tapinha no ombro, então 5 minutos trabalhando de verdade, antes de desperdiçar mais 15 em uma conversa para a qual você foi arrastado, mas que realmente não precisava de sua atenção. Então, mais 5 minutos para fazer o que você gostaria de estar fazendo. Não é de se admirar que pessoas que trabalham assim possam se tornar impacientes e mal-humoradas.

E, entre todas essas alterações de contexto e tentativas de fazer mais de uma coisa ao mesmo tempo, você precisa adicionar o tempo de preparação. O tempo que sua mente leva para abandonar o último assunto e entrar no próximo. É assim que você acaba pensando "O que eu fiz hoje, afinal?" quando já são cinco da tarde e você supostamente passou oito horas no trabalho. Você sabe que estava presente, mas as oito horas não tiveram consistência. Então acabaram se esgotando sem nada para mostrar.

Analise as suas horas. Se estão fracionadas, por que isso está acontecendo? As pessoas estão causando essa distração, ou a culpa é mesmo sua? O que você pode mudar? Quanto consegue produzir ao longo de uma hora? Fazer uma coisa de cada vez não significa fazer várias coisas seguidas; significa dedicar várias horas a uma única tarefa ou, melhor ainda, um dia inteiro de trabalho.

Pergunte a si mesmo: quando foi a última vez que você teve três, até mesmo quatro horas ininterruptas para se dedicar a si mesmo e ao seu trabalho? Quando perguntamos isso a uma plateia de seiscentas pessoas em uma palestra, apenas trinta mãos foram erguidas. Você teria erguido a sua?

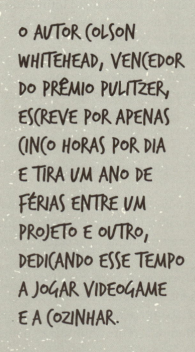

O AUTOR COLSON WHITEHEAD, VENCEDOR DO PRÊMIO PULITZER, ESCREVE POR APENAS CINCO HORAS POR DIA E TIRA UM ANO DE FÉRIAS ENTRE UM PROJETO E OUTRO, DEDICANDO ESSE TEMPO A JOGAR VIDEOGAME E A COZINHAR.

Eficácia > Produtividade

Hoje em dia, todos estão falando sobre técnicas para ser mais produtivo. Há um fluxo infinito de metodologias e ferramentas que prometem deixar você mais produtivo. Porém mais produtivo no quê?

A produtividade é para máquinas, não para pessoas. Não há nenhum significado em alocar uma quantidade de trabalho em uma quantidade de tempo, espremendo cada vez mais trabalho em menos tempo.

As máquinas podem trabalhar sem parar. Os humanos, não.

Quando as pessoas se concentram na produtividade, estão se concentrando em estarem ocupadas. Em preencherem cada momento com algo para fazer. E sempre há mais para ser feito.

Na Basecamp, não acreditamos em se ocupar. Acreditamos em eficácia. Quão menos ocupados podemos ficar? Quanto de trabalho podemos cortar? Em vez de acrescentar trabalho, tentamos sempre diminuir a quantidade.

Ser produtivo é ocupar o tempo, preencher a agenda ao máximo e trabalhar mais e mais, até o limite. Ser eficaz é deixar o dia mais livre e disponível para outras atividades que não sejam trabalho. Tempo para o lazer, a família e os amigos. Ou para não fazer absolutamente nada.

Sim, é perfeitamente aceitável não ter nada para fazer. Ou ainda melhor: nada que valha a pena ser feito. Se em determinado dia você só trabalhou por três horas, pode parar. Não preencha seu dia com mais cinco horas só para continuar ocupado ou para se sentir produtivo. Não fazer algo que não vale a pena ser feito é uma forma maravilhosa de usar seu tempo.

O mito do trabalho árduo

Você não pode superar o mundo inteiro trabalhando. Sempre vai haver alguém, em algum lugar, disposto a trabalhar tão arduamente quanto você. Alguém com a mesma disposição. Ou até mais disposto.

Presumir que você é capaz de trabalhar mais e por mais tempo do que outra pessoa é dar muito crédito aos seus esforços e não o suficiente para os dos outros. Trabalhar mil e uma horas, batendo as mil horas de alguém, não vai fazer a balança pender para o seu lado.

O pior é quando a gerência aponta certas pessoas como tendo uma "ética no trabalho" incrível só porque estão sempre disponíveis, sempre trabalhando. Na verdade, tais pessoas são um péssimo exemplo de ética no trabalho e um ótimo exemplo de alguém que trabalha mais do que deveria.

Uma ótima ética profissional não tem nada a ver com trabalhar sempre que necessário. É mais sobre fazer o que disse que faria, dedicando o dia de trabalho a essa tarefa, respeitando o ofício, respeitando o cliente, os colegas, sem procrastinar, sem criar trabalho desnecessário para os outros e sem empacar o trabalho alheio. Ética no trabalho é basicamente ser uma boa pessoa, com quem os outros podem contar e com quem gostam de trabalhar.

Então, como as pessoas se tornam profissionais de sucesso sem trabalhar mais do que tudo e todos?

As pessoas fazem sucesso porque são talentosas, sortudas, estão no lugar certo e na hora certa, porque sabem trabalhar bem em grupo, sabem vender uma ideia, conhecem aquilo que move as pessoas. Porque podem contar uma história, porque sabem qual detalhe é importante e qual não é. Podem ter uma visão holística e ao mesmo tempo específica em todas as situações. Porque sabem como criar algo a partir de uma oportunidade. E por muitos outros motivos.

Então esqueça esse mito de ter que trabalhar arduamente. Pare de associar ética profissional com horas de trabalho em excesso. Isso não vai fazer com que você alcance o sucesso nem com que fique mais calmo.

O trabalho não acontece no local de trabalho

Pergunte às pessoas para onde vão quando realmente precisam realizar algo. A resposta que mais raramente vai ouvir é: para o escritório.

Isso mesmo. É raro ir para o escritório quando precisa realizar algum trabalho. Ou, se tiver que ir, suas horas produtivas são antes do expediente, depois do expediente ou nos fins de semana. Sempre que não há mais ninguém por perto. Nesses momentos, não é nem mesmo "o escritório" — é apenas um lugar silencioso onde ninguém vai importuná-lo.

Muitas pessoas simplesmente não conseguem mais trabalhar em seu local de trabalho.

O que não faz nenhum sentido. As empresas gastam rios de dinheiro comprando ou alugando um escritório e o mobiliando com mesas, poltronas e computadores. Então organizam tudo de uma forma que ninguém consiga trabalhar de verdade naquele local.

Os escritórios se transformaram em verdadeiras fábricas de interrupções. Apenas o ato de caminhar até a porta já o torna um alvo para qualquer pessoa puxar conversa, fazer uma pergunta ou só irritá-lo. Quando você está em sua mesa, é visto como um recurso, algo que pode ser usado para uma pesquisa, um questionamento, ou até acabar em uma reunião. E mais uma reunião sobre aquela outra reunião. Como alguém pode esperar que qualquer um consiga trabalhar em um ambiente desses?

Virou moda culpar o Facebook, o Twitter ou o Youtube pelas distrações no ambiente de trabalho. Mas esses não são o verdadeiro problema, da mesma forma que o datado hábito da pausa para o cigarro não era o problema, trinta anos atrás. Será que fumar era mesmo um problema no trabalho naquela época?

As maiores distrações no trabalho não são fatores externos, mas sim os internos. O gerente que não para de perambular pelo escritório, perguntando como estão as coisas, a reunião que traz pouco resultado, mas acaba se transformando em mais uma reunião na semana seguinte, as mesas de trabalho apertadas, que amontoam as pessoas como se fossem sardinhas, os telefones que não param de tocar no setor de vendas ou o refeitório barulhento no final do corredor. Esses são todos subprodutos tóxicos que os escritórios de hoje em dia produzem.

Já reparou em quanto trabalho você consegue realizar em um avião ou no trem? Ou, mesmo que seja ruim de se fazer, quando está de férias? Ou quando se esconde em casa para trabalhar? Ou no domingo à noite, quando não tem mais nada para fazer além de abrir o laptop e ficar de bobeira? São nesses momentos, bem longe do escritório, que é mais fácil realizar algum trabalho. Em áreas livres de interrupções.

As pessoas não estão trabalhando por mais tempo e até mais tarde porque de repente há mais trabalho a ser feito. Mas porque não conseguem mais trabalhar de verdade no escritório.

Horário de atendimento

Nós temos todo o tipo de especialistas na Basecamp. Pessoas que podem resolver questões sobre estatística, JavaScript, bugs no banco de dados, diagnósticos de rede e casos complicados de edição. Se você trabalha aqui e precisa de uma resposta, tudo o que precisa fazer é chamar um especialista.

Isso é maravilhoso. E terrível.

É maravilhoso quando uma questão resolvida acaba gerando progresso e ideias. Mas é terrível quando o especialista responde à sua quinta pergunta aleatória do dia e de repente percebe que o expediente encerrou.

A pessoa que tinha uma pergunta *precisava de algo* e conseguiu. A pessoa que tinha a resposta estava *fazendo algo* e teve que parar. Essa não é uma troca justa.

O problema surge quando é muito fácil, e sempre totalmente aceitável, fazer a pergunta assim que ela surge. A maioria das questões não são tão urgentes, mas a vontade de perguntar imediatamente ao especialista é irresistível.

Se o único propósito do especialista na empresa for responder perguntas e estar disponível para todos os funcionários ao longo do expediente, bem, nesse caso, tudo bem. Parece justo. Mas nossos especialistas também têm seu próprio trabalho. E não dá para fazer as duas coisas ao mesmo tempo.

Imagine como é o dia de um especialista que é interrompido o tempo inteiro pelas dúvidas dos outros. Pode ser que ele não receba nenhuma pergunta, ou apenas algumas, ou uma dezena delas em um único dia. E pior: não há como saber quando essas perguntas vão surgir. É impossível planejar seu dia de trabalho se todo mundo está usufruindo dele aleatoriamente.

Então decidimos pegar emprestada uma ideia dos ambientes acadêmicos dos Estados Unidos: horários de atendimento. Todos os especialistas em algum assunto da Basecamp disponibilizam horários de atendimento. Para alguns, isso significa a tarde de terça-feira. Para outros, pode ser uma hora por dia. Cabe a cada especialista decidir sua disponibilidade.

Mas e se você tiver uma dúvida na segunda, e o horário de atendimento do especialista for apenas na quinta? Simples: você espera. Trabalha em outra coisa até quinta ou resolve a questão por conta própria antes do horário de atendimento.

Isso à primeira vista pode parecer ineficaz. Talvez até burocrático. Mas nós enxergamos o contrário. Horários de atendimento são um grande sucesso na Basecamp.

No fim das contas, esperar não é um grande problema na maioria dos casos. Mas o fato de nossos especialistas terem recuperado seu tempo e controle foi um avanço enorme. Dias mais calmos, mais períodos de tempo sem interrupções para que possam trabalhar e momentos planejados quando podem ensinar, ajudar e compartilhar informações.

É algo em que se espelhar e que você pode estabelecer para si próprio. Funciona para todos.

Então esteja disponível para ajudar (mas só às terças das nove ao meio-dia!).

ALICE WATERS, CHEF DE COZINHA PIONEIRA DO MOVIMENTO "SLOW FOOD", COMEÇA SEU DIA FAZENDO UMA CAMINHADA OU COZINHANDO ALGO EM SEU FOGÃO A LENHA.

O tetris da agenda

A agenda de trabalho compartilhada é uma das invenções mais destrutivas da contemporaneidade. Tanta coisa gira em torno disso, tanta coisa depende disso, tanta coisa dá errado por conta disso.

Na Basecamp, conseguir um espaço na agenda de alguém é uma negociação direta e monótona. Não é algo fácil nem convenientemente automatizado. É preciso defender seu caso. Não dá para simplesmente procurar a agenda de alguém, encontrar um espaço vazio e marcar uma bandeirinha lá. Isso porque ninguém pode ver a agenda de ninguém na Basecamp.

Isso é comum em quase toda empresa que estudamos. Na maioria dos lugares, todo mundo consegue checar o dia de todo mundo. A agenda não apenas é totalmente exposta, mas também é programada para ser preenchida por qualquer um que sinta necessidade. Na prática, as pessoas são levadas a fracionar o dia dos outros em pequenos blocos vermelhos, verdes e azuis de trinta minutos.

Você analisou sua própria agenda recentemente? Quantos compromissos adicionou a ela? E quantos as outras pessoas inseriram? Quando se faz um uso predatório da agenda de alguém, não é surpreendente que o tempo delas acabe totalmente fracionado. Além disso, se fica tão fácil convidar cinco outras pessoas para uma reunião, porque um software consegue encontrar um espaço em todas as agendas, as reuniões com seis pessoas acabam se proliferando.

Tomar o tempo de alguém deveria ser insuportável de tão difícil. Tomar o tempo de tantas pessoas deveria ser tão inconveniente e vergonhoso que a maioria não ia nem se dar o trabalho de tentar a não ser que fosse REALMENTE IMPORTANTE! Reuniões deveriam ser um último recurso, ainda mais reuniões com muitas pessoas.

Não custa nada tomar o seu tempo, mas para você tem um preço enorme. Só é possível se realizar um bom trabalho se houver um tempo de qualidade adequado para isso. Então quando roubam isso de você, qualquer chance de sentir que conseguiu ter um bom dia de trabalho é arruinada. Aquela satisfação profunda que você experimenta quando faz um progresso verdadeiro (no lugar de apenas falar sobre isso) é extinta.

Se você não é dono da maior parte do seu tempo, é impossível ficar tranquilo. Você sempre vai estar estressado, sentindo-se usurpado da habilidade de verdadeiramente fazer o seu trabalho.

É muito fácil fazer esse jogo de tetris de agenda usando a desculpa de que "É só um convite!" Mas ninguém em sã consciência declina um convite. Ninguém quer ser visto como alguém "difícil" ou "inacessível". Então as pessoas simplesmente aceitam o jogo e deixam os blocos caírem na agenda, até o dia em que tudo arrebenta e então é *game over*.

Se uma pessoa não se dá o trabalho de incomodar você sem a ajuda de um software para agendar uma reunião, também não se dê o trabalho de atendê-la. Provavelmente não era algo tão importante assim, para começo de conversa.

A prisão da presença

Via de regra, ninguém na Basecamp sabe com certeza onde as pessoas estão a qualquer hora do dia. Estão trabalhando? Não sei. Estão tirando um tempo para descansar? Não faço ideia. Foram almoçar? Sei lá. Foram buscar os filhos na escola? Não sei e não me importo.

Não exigimos que ninguém nos informe sua localização ou disponibilidade. Não mandamos que as pessoas fiquem sentadas em suas mesas, no escritório. E, quando estão trabalhando remotamente, não obrigamos que estejam sempre on-line.

"Mas como você sabe que seu funcionário está trabalhando se não consegue vê-lo?" A resposta é a mesma para a seguinte pergunta: "Como você sabe que seu funcionário está trabalhando se *consegue* vê-lo?"

Você não sabe.

A única forma de saber se o trabalho está sendo feito é olhando para o trabalho em si. O que é função dos chefes. Se não conseguem realizar esse trabalho, deveriam procurar outro.

A tecnologia piorou as coisas. Agora não é só o chefe querendo saber onde você está. É todo mundo. Com a invasão dos chats no local de trabalho, mais e mais pessoas são levadas a comunicar a todos seu status em tempo real, o tempo todo. As pessoas estão acorrentadas aos botões verdes de "disponível" e vermelho de "indisponível".

Mas quando as pessoas descobrem que você está "disponível", sentem-se convidadas a interromper. Parece que você tem uma placa pendurada no pescoço escrito "ENCHA MEU SACO!". Experimente ficar "disponível" por três horas e depois "indisponível" por mais três. Aposto que vai conseguir trabalhar muito melhor quando estiver "indisponível".

E se precisar da ajuda de alguém e não souber se essa pessoa está disponível ou não? É simples: pergunte! Se a pessoa responder, você conseguiu o que queria. Se não, não é porque ela está te ignorando, mas porque está trabalhando em alguma outra coisa. Respeite isso! Aceite que as pessoas estão focadas no próprio trabalho.

Existem exceções? Claro que sim. É bom saber quem está disponível quando há uma verdadeira emergência, mas 1% das ocorrências não deveriam estabelecer um hábito em 99% do tempo.

Então caminhe na direção da tranquilidade e pare de pressionar as pessoas para informar onde estão e o que estão fazendo. O status de todos deveria ser implícito: estou tentando trabalhar; por favor, respeite meu tempo e minha atenção.

Eu respondo quando der

A expectativa por uma resposta imediata é a faísca que inicia muitos incêndios no ambiente de trabalho.

Primeiro alguém envia um e-mail. Então, se a pessoa não receber um retorno em alguns minutos, vai mandar uma mensagem. Sem resposta? Vai ligar. Então vai perguntar a alguém sobre o seu paradeiro. E essa outra pessoa vai seguir os mesmos passos para atrair a sua atenção.

De repente, você é afastado da tarefa que estava realizando. E por quê? É por causa de uma crise? Então tudo bem! Mas se não for, e quase nunca é, não tem desculpa.

Em quase todas as situações, esperar por uma resposta imediata é uma atitude irracional. Entretanto, com cada vez mais ferramentas assustadoras de comunicação em tempo real disponíveis (especialmente serviços de mensagens e chats em grupo), a espera por esse retorno imediato se tornou muito comum.

Isso não é progresso.

O senso comum funciona assim: se eu posso mandar uma mensagem depressa, você pode me responder depressa, não é? Tecnicamente, sim. Mas na prática, não.

A rapidez com que você pode se comunicar com alguém não tem nada a ver com a rapidez com a qual a pessoa precisa do seu retorno. O conteúdo da mensagem é o que vai determinar isso. Emergências? Tudo bem. Você precisa que eu reenvie algo que já mandei na semana passada? Pode esperar. Precisa de uma resposta que você tem capacidade de encontrar por conta própria? Pode esperar. Quer saber para que horas está marcada a reunião com o cliente daqui a três dias? Pode esperar.

Quase tudo pode esperar. E quase tudo deveria esperar.

Na Basecamp, criamos a cultura de respostas eventuais no lugar de respostas imediatas. Aqui, as pessoas não perdem a cabeça se a resposta para uma pergunta sem urgência só chega três horas depois. Aqui, não só aceitamos, como também encorajamos que os funcionários não fiquem checando seus e-mails, chats on-line ou celulares o tempo todo.

Faça um teste. Diga algo e volte ao trabalho. Não crie expectativas. Você vai receber a resposta quando a outra pessoa estiver livre e pronta para responder

E se alguém não responder depressa, não é porque está ignorando o contato, mas provavelmente porque está trabalhando. Você não tem trabalho a fazer enquanto espera? Não tem nada demais em esperar. O céu não vai despencar, a empresa não vai ser afetada. Só vai ser um lugar mais calmo, mais agradável e mais confortável para trabalhar. Para todo mundo.

FOMO? JOMO!

FOMO. Em inglês, *fear of missing out* [medo de ficar de fora]. Trata-se da aflição que leva alguém a checar obsessivamente o Twitter, o Facebook, o Instagram, o Whatsapp e os novos aplicativos. Não é incomum as pessoas pegarem o celular dezenas de vezes por dia quando uma notificação surge, porque E SE FOR ALGO MUITO IMPORTANTE? (Só que nunca é.)

E isso não é mais algo exclusivo das redes sociais. Está tomando conta do trabalho também. Como se o e-mail já não fosse um agravante suficiente para o FOMO, agora há uma nova geração de ferramentas de comunicação em tempo real para piorar tudo. Mais coisas que demandam sua atenção parcial o dia inteiro, baseadas na premissa de que não dá para ficar de fora de nada.

Foda-se essa merda. As pessoas deveriam ficar de fora! A maioria das pessoas deveria ficar de fora da maioria dos assuntos, na maior parte do tempo. É o que estamos tentando encorajar na Basecamp. JOMO, em inglês *joy of missing out* [a felicidade de ficar de fora]!

JOMO é o que te permite se desligar de todas as informações e interrupções para realmente conseguir se dedicar às suas tarefas. JOMO é o que permite que você saiba o que aconteceu durante o dia com um simples resumo na manhã seguinte, no lugar de um feed interminável de notícias ao longo do dia. JOMO, meu amor, JOMO.

Porque não há nenhuma razão para fazer com que todas as pessoas precisem saber tudo o que está acontecendo na empresa. E ainda por cima em tempo real! Se é importante, a informação vai chegar. E a maioria das informações não é importante. A maior parte do trabalho diário nas empresas é totalmente comum. E isso é lindo. É trabalho, não notícia. Todos precisamos parar de tratar cada coisinha que acontece no trabalho como se fosse superurgente.

Uma forma que encontramos de combater isso na Basecamp foi escrever uma espécie de "newsletter" mensal, um resumo do trabalho e do progresso conquistado pelos times escrito pelos líderes de cada equipe e enviado para toda a empresa. Cada minúcia é reduzida aos pontos essenciais que os outros funcionários se interessariam em saber. O suficiente para manter todo mundo informado sem precisar absorver inúmeros detalhes que não importam.

Em muitas empresas, as pessoas tratam cada detalhe sobre o trabalho como se precisassem fazer uma prova. Precisam conhecer cada fato, cada rosto, cada nome, cada evento. Isso é um desperdício de energia intelectual e, mais ainda, uma notória distração.

Concentre-se no trabalho sendo realizado. É tudo o que pedimos. Tudo o que exigimos. Se houver qualquer coisa da qual você precise estar ciente, prometemos que vai ficar sabendo. Se você for curioso, tudo bem (descubra tudo o que quiser), mas desejamos que as pessoas sintam a grande alegria que é conseguir se concentrar, em vez de sofrer com o pânico frenético e maníaco de passar batido por algo que não tinha importância nenhuma.

O FÍSICO STEPHEN HAWKING FOI UM VANGUARDISTA DO MUNDO ACADÊMICO E DO TRABALHO, ENCORAJANDO SEUS ALUNOS A INVESTIREM SEU TEMPO EM ATIVIDADES EXTRAS, COMO OUVIR MÚSICA E SOCIALIZAR COM OS AMIGOS.

Alimente sua cultura

Nós não somos uma família

Empresas amam declarar que "Aqui somos todos uma grande família". Não, não são. Tampouco aqui na Basecamp. Somos colegas de trabalho. Isso não significa que nós não nos importamos ou que não nos esforçamos ao máximo para ajudar uns aos outros. Nós nos importamos e ajudamos. Mas não somos uma família. E o seu negócio também não é.

Além disso, a Basecamp não é "nosso bebê". Ela é nosso produto. Trabalhamos para torná-la incrível, mas não estamos dispostos a sacrificar tudo pela empresa. E você também não deveria fazer isso pela sua.

Não temos que enganar a nós mesmos ou a qualquer um. Somos pessoas que trabalham juntas para desenvolver um produto. Temos orgulho disso. É o que basta.

Tome cuidado quando um executivo disser como a empresa dele na verdade é uma grande família. Ele não está se referindo a como a empresa vai lhe proteger a qualquer custo ou amar incondicionalmente, como uma família saudável faria. Na verdade, a motivação dele está mais inclinada para uma forma unilateral de sacrifício: o seu.

Porque fazendo alusão à imagem de uma família, a ideia de fazer o que for preciso pela empresa surge naturalmente. Você não está trabalhando por noites a fio ou nas férias apenas para aumentar o lucro da empresa; não, você está fazendo isso pela *sua família*. Um apelo emocional tão agressivo só é necessário se alguém está tentando fazer você deixar de lado a racionalidade e os seus próprios interesses.

Você não precisa fingir que faz parte de uma família para ser educado. Ou gentil. Ou protetor. Todos esses valores podem ser expressados de forma ainda melhor por meio de princípios, políticas e, mais importante, ações.

Além do mais, você já tem uma família, ou um grupo de amigos que são como irmãos, não é mesmo? Uma empresa moderna não é uma gangue de órfãos tentando vencer o mundo cruel. Tentar substituir a família que você já tem é só mais uma forma de tentar passar as necessidades da empresa à frente das necessidades da sua família de verdade. Isso é jogar sujo.

As melhores empresas não são famílias. Elas apoiam as famílias. São aliadas delas. Disponibilizam um ambiente de trabalho saudável e realizador, para que, quando seus funcionários desliguem seus laptops em uma hora razoável, sejam os melhores maridos, esposas, pais, irmãos e filhos que puderem ser.

O que importa é o que você faz

Não dá para promover entre seus funcionários as virtudes de trabalhar por um período razoável, descansar pelo tempo necessário e ter um estilo de vida saudável se você não faz o mesmo como chefe. Quando o líder tem um ritmo de trabalho insano, os funcionários são forçados a fazer o mesmo. Não importa o que você diz, mas sim o que você faz.

É ainda pior em uma empresa com diversos cargos. Se o chefe do seu chefe dá um mau exemplo, isso acaba seguindo por toda a hierarquia, ganhando mais e mais força, como uma avalanche.

Tome como exemplo aquelas velhas histórias sobre o CEO que dorme apenas quatro horas por noite, que é o primeiro a chegar, tem três reuniões antes mesmo do café da manhã e é o último a sair, só apagando as luzes do escritório depois da meia-noite. Mas que herói! Claramente uma pessoa que vive apenas pela empresa, sem nunca pensar em si mesmo.

Não, ele não é um herói. Se a única forma que você encontra para inspirar seus funcionários é por meio de um regime de exaustão, está na hora de buscar algo mais profundo. Porque o que isso gera muito provavelmente não é admiração, mas sim ameaça e medo. Um líder que dá o exemplo de autossacrifício não consegue pedir nada além de sacrifício dos outros.

Essa qualidade talvez seja muito valiosa em um campo de batalha, mas dificilmente em um escritório. O destino da maioria das empresas não é decidido com competições ferozes sobre QUEM CONSEGUE FAZER UMA CONFERÊNCIA ON-LINE MAIS TARDE ou QUEM TEM O PRAZO MAIS DEVASTADOR PARA ENTREGAR UM TRABALHO.

Se, sendo o chefe, você quer que as pessoas tirem férias, precisa tirar suas próprias férias. Se quer que fiquem em casa quando estiverem doentes, não pode aparecer no trabalho com o nariz escorrendo. Se não quer que seus funcionários se sintam culpados por terem levado os filhos para passear no fim de semana, poste fotos se divertindo com sua família.

O vício no trabalho é uma doença contagiosa. Você não consegue frear a epidemia quando na verdade é justamente a pessoa quem está trazendo o vírus para o trabalho. Tente espalhar mais calma.

A bateria da confiança

Você já esteve em um relacionamento em que se sentia infinitamente irritado por qualquer coisinha que a outra pessoa fizesse? Isoladas, tais questões não são exatamente um problema. Mas em casos assim, a questão nunca é realmente sobre essas coisinhas. Tem alguma coisa aí.

O mesmo problema pode surgir no trabalho. Alguém diz alguma coisa, ou age de alguma forma, e outra pessoa simplesmente explode. De longe, parece que a reação foi desproporcional. Não dá para entender qual é o problema. Tem alguma coisa aí.

O que está acontecendo é o seguinte: a bateria da confiança se esgotou.

Foi Tobias Lütke, CEO da Shopify, quem cunhou o termo. E ele o explicou da seguinte maneira, em uma entrevista ao *New York Times*: "Outro conceito sobre o qual falamos muito é o que chamamos de 'bateria da confiança'. Quando as pessoas são contratadas, ela vem carregada em cinquenta por cento. Cada vez que você trabalha ao lado de alguém, a bateria da confiança entre os dois é carregada ou descarregada, de acordo com as possibilidades de você entregar ou não o que promete."

Nós adotamos esse termo na Basecamp, e isso nos ajudou a avaliar as relações de trabalho com mais clareza. Eliminamos o instinto natural de ponderar se alguém está "certo" por seus sentimentos em relação a outra pessoa (o que já é um conceito que não faz sentido algum). Medindo a carga da bateria da confiança, nós conseguimos identificar o contexto do conflito.

Na verdade, a bateria da confiança é um resumo de todas as interações da pessoa com os colegas. Se você quiser recarregar a bateria, precisa fazer coisas diferentes. Apenas novas ações e atitudes contam.

Além do mais, é algo personalizado. A bateria da confiança de Alice com Bob é diferente da de Carol com Bob. A de Bob talvez esteja em 85% com Alice, mas apenas em 10% com Carol. Ele não vai recarregar sua bateria com a Carol simplesmente agindo de forma diferente com Alice. A função de recarregar a bateria dos relacionamentos é majoritariamente de pessoa para pessoa. É por isso que duas pessoas que se dão muito bem normalmente não conseguem entender como alguém pode ter um problema com seu melhor amigo.

Uma bateria da confiança descarregada é a essência de muitas das disputas entre colegas de trabalho. Esse estado fortalece encontros de estresse e ansiedade. Quando a carga da bateria está baixa, tudo está errado, tudo vai ser julgado com severidade. Uma carga de apenas 10% significa uma chance de 90% de a interação dar muito errado.

Estabelecer boas relações no trabalho requer, bem, *trabalho*. O tipo de trabalho que só pode começar a ser feito quando somos honestos a respeito da confiança. A pior coisa que uma pessoa pode fazer é fingir que questões pessoais não são importantes. Fingir que as relações de trabalho deveriam ser "só sobre trabalho". Isso é burrice. Seres humanos são seres humanos, no trabalho ou em casa.

Não seja o último a saber

Quando o chefe diz "Minha porta está sempre aberta", está expulsando as pessoas, não convidando. Dessa forma, ele consegue deixar a responsabilidade de conversar inteiramente nas mãos dos seus funcionários.

O único momento em que um gesto vazio como esse serve a algum propósito é depois que toda a merda já aconteceu. Aí o chefe surge com um "Por que você não veio falar comigo?" ou "Eu disse que se houvesse qualquer problema era só vir falar comigo". Isso é conversa fiada.

O que o chefe precisa ouvir é em que aspecto a empresa está abaixo do esperado. Mas quem é que sabe como esse chefe vai reagir a um feedback negativo? É um campo minado, e todo mundo conhece alguém que foi mandado embora por expor o problema errado, na hora errada, para o chefe errado. Por que alguém arriscaria a carreira com base na promessa vazia sobre estar de portas abertas?

Normalmente ninguém corre esse risco. E ninguém deveria correr.

Se o chefe realmente quer saber o que está acontecendo na empresa, a resposta é vergonhosamente óbvia: precisa perguntar! E nada dessas perguntas vagas e cheias de autorreconhecimento como "Em que aspecto podemos ser ainda melhores?". Faça as perguntas difíceis, como "Qual é o problema sobre o qual ninguém se atreve a falar?", ou "Você se sente ameaçado por alguma coisa no trabalho?", ou "Há algo no qual você tenha trabalhado recentemente e que gostaria de fazer mais?". Ou até perguntas mais específicas como "O que você acha que poderíamos ter feito de diferente para ajudar Jane a ter sucesso?", ou "Que conselho você nos daria antes de começarmos esse grande projeto de reformulação do site?"

Fazer perguntas reais e direcionadas é o único jeito de transmitir a ideia de que é seguro dar as respostas certas. E mesmo assim é um processo um pouco demorado. Pode ser que na primeira vez em que você perguntar, consiga apenas 20% de toda a história. Depois de um tempo, talvez chegue aos 50%. E se mandar muito bem como um chefe de confiança, pode ser que chegue aos 80%. Mas pode esquecer essa ideia de conseguir descobrir toda a história.

A verdade é que quanto mais você cresce em uma empresa, menos sabe sobre como ela é de fato. Pode parecer um pouco estranho, mas o CEO em geral é o último a saber de tudo que acontece. Com grandes poderes vem uma grande ignorância.

Por isso, na Basecamp, tentamos ir até as pessoas e perguntar, em vez de simplesmente ficar esperando alguém decidir falar. Não exatamente o tempo todo, porque não dá para fazer uma pergunta antes de ser capaz e estar disposto a agir de acordo com a resposta, mas com a frequência necessária para tentar saber o que está acontecendo na maior parte do tempo.

BRUNO CUNINELLI, CRIADOR DE SUA GRIFE HOMÔNIMA, PROÍBE OS FUNCIONÁRIOS DE TRABALHAR DEPOIS DAS 17H30, PORQUE ACREDITA QUE ENVIAR UM E-MAIL DE TRABALHO DEPOIS DO HORÁRIO DE EXPEDIENTE É UMA INVASÃO À VIDA PRIVADA DAS PESSOAS.

A palavra do dono pesa uma tonelada

Quando o dono da empresa diz alguma coisa, não existe essa história de ser apenas uma sugestão. Se a pessoa que assina os contracheques menciona uma coisa ou outra, o que quer que tenha dito invariavelmente vira a maior prioridade.

Então uma simples pergunta como "Estamos trabalhando o suficiente no Instagram?" pode alavancar a conta da empresa no Instagram ao topo da lista de prioridades do setor de marketing. Era apenas uma sugestão, mas é encarada como uma ordem. "Por que o chefe mencionaria o Instagram se não pensasse que essa é a nossa maior prioridade?"

E só piora se os funcionários veem o dono da empresa colocando a mão na massa. "Se o chefe está trabalhando nisso, então claramente também deveríamos estar." Talvez o chefe só esteja curioso ou procurando alguma coisa para fazer, mas não é essa a impressão que ele passa.

Ter um dono que inconscientemente dispersa a atenção dos funcionários é uma resposta comum à pergunta "Por que todos estão trabalhando tanto, mas nada está sendo feito?".

O líder de uma empresa precisa se conter ao máximo para não lançar ideias para todos os lados. Cada uma de suas ideias é como uma pedra que vai causar ondulações ao atingir a água.

Atire pedras o tempo inteiro, e o lago cristalino vai acabar turvo como uma poça de lama.

Fugir da responsabilidade dizendo "Mas foi só uma sugestão" não vai acalmar os ânimos. É preciso saber o peso das palavras do dono.

Pequenas conquistas ainda podem estar fora do alcance

Você provavelmente já ouviu algo assim:

"Nunca tivemos um setor de *bussiness development*, então com certeza com pouquíssimo esforço já vamos começar a colher os frutos."

"Nunca investimos em mídias sociais, então imagine quanto tráfego conseguiremos se simplesmente começarmos a tuitar algumas coisas."

"Nunca perguntamos aos clientes que cancelaram a assinatura por que decidiram sair, então tenho certeza de que conseguiremos algumas pequenas conquistas se começarmos a falar com eles."

Nós também já pensamos dessa forma. Parece mesmo que essas pequenas conquistas deveriam ser algo que qualquer negócio alcança sem esforço. Uma oportunidade fácil esperando para ser agarrada. Pouco trabalho, ótima recompensa.

O problema é que, com o tempo, aprendemos que quanto mais distante você se encontra de uma conquista, mais próxima ela parece. E quando você se aproxima, vê que não é tão fácil assim. Achamos que seria fácil porque nunca tínhamos tentado.

Declarar que trabalhos com os quais a empresa não tem familiaridade vão render frutos é praticamente admitir que você tem pouca visão sobre o seu negócio. E qualquer estimativa de quanto trabalho será necessário para alcançar um objetivo nunca tentado provavelmente está equivocada em alguns graus de magnitude.

É ainda pior quando você deposita essas expectativas em novas contratações, presumindo que vão atingir o objetivo sem demora. No fim, está criando uma armadilha para o fracasso.

Recentemente, nós da Basecamp nos vimos em uma posição como essa. Contratamos uma pessoa para cuidar do setor de *business development*. Achamos que essa pessoa faria algumas ligações e rapidamente teria algumas parcerias firmadas, e nós veríamos os resultados. Como nunca tínhamos dedicado uma pessoa nessa área, estávamos contando com um tesouro que poderia estar enterrado a pouquíssimos metros do chão. Não devia ser tão difícil, certo? No fim das contas, descobrimos que seria preciso cavar bem mais fundo do que pensávamos para encontrar algum ouro. Na verdade, até paramos de procurar esse tesouro.

O mesmo aconteceu quando decidimos começar a enviar alguns e-mails para os usuários que se cadastravam em nosso site, para aumentar a conversão de usuários da versão teste em clientes premium. Antes, mandávamos apenas um e-mail quando eles se cadastravam e nada além disso. Então imaginamos que mandando mais e-mails conseguiríamos aumentar essa conversão rapidamente.

Não foi bem o que aconteceu. O que parecia uma conquista pequena ainda não estava madura o suficiente, tampouco estava ao nosso alcance.

A ideia de que você vai, de repente, mudar algo na empresa só porque nunca tentou mudar aquilo é uma ilusão. Às vezes você tem sorte, e as mudanças vêm tão rápido quanto o imaginado, mas esses casos são bem raros. A maioria dos trabalhos de conversão, *business development* e vendas exigem muito da empresa. Um tremendo esforço para conseguir avanços bem pequenos. Aos poucos, esses pequenos passos vão formar um grande avanço, mas aí já não será mais uma pequena conquista.

Então, da próxima vez em que estiver pedindo a um funcionário para alcançar as pequenas conquistas nunca antes almejadas, pare. Respeite o trabalho que nunca foi feito. Lembre a si mesmo que o trabalho das pessoas não é tão simples assim. É raro haver algum resultado sem esforço. Se o ímpeto e a experiência estão ao seu lado, algo difícil pode parecer fácil, mas nunca se esqueça de que só porque você nunca fez algo não significa que seja fácil. Na verdade, deve significar que é difícil.

Não perca horas de sono

Dormir é para os fracos! Os vencedores só precisam de quatro ou cinco horas de sono por dia! Grandes conquistas exigem grandes sacrifícios!

Porra nenhuma.

As pessoas que se vangloriam por trocar o sono por serões infinitos ou maratonas à meia-noite em geral são as mesmas que não conseguem apontar suas verdadeiras conquistas. Contar histórias sobre varar a madrugada trabalhando é uma tática para desviar a atenção. É patético.

Não vale a pena trocar o sono por algumas horas a mais de trabalho. Vai deixá-lo não apenas exausto, mas também estúpido. A ciência é clara sobe isso: horas contínuas de privação do sono afetam o QI e drenam a criatividade. Talvez você esteja cansado demais para perceber, mas seus colegas de trabalho vão notar.

Ainda assim, o sacrifício da vida pessoal, da saúde e até da capacidade que as pessoas têm de realizar o trabalho apenas para provar sua lealdade À MISSÃO é visto como um ato de heroísmo. Foda-se a missão. Nenhuma missão (ao menos no mundo dos negócios) vale uma renúncia tão terrível como essa.

Pessoas privadas de um sono de qualidade não são apenas pobres em inteligência ou criatividade, mas em paciência.

Em compreensão. Em tolerância. Qualquer coisinha resulta em muito drama. Isso acaba respingando nos colegas de trabalho e até na própria família.

E os efeitos se multiplicam quando a pessoa é responsável por outras. Gerentes precisam ter o dobro da empatia, não metade. Se estão desgastados, a sua instabilidade acaba se tornando o padrão para a equipe. Até mesmo as pessoas mais descansadas podem acabar presas em uma tempestade de loucura, se essa tempestade foi provocada pelo chefe.

Além do mais, se o objetivo de todas essas longas horas de trabalho é conseguir cumprir mais tarefas, você não deveria pelo menos... Você sabe, estar cumprindo mais tarefas? Pergunte a qualquer pessoa que está há duas semanas dormindo pouco se ela se lembra do que fez na última terça-feira. Provavelmente não. E não, "muitas coisas" não conta.

Claro que às vezes você pode dar um gás. Ou gastar um pouco mais do seu combustível na madrugada para avançar em uma tarefa. Mas, caramba, precisa ter limites.

Porque o que costuma acontecer é a pessoa começar a trabalhar por longas horas e não conseguir parar. Todos somos acostumados a alimentar hábitos. Quebrar um ciclo que já está internalizado pode exigir uma reabilitação completa, talvez até uma intervenção. Cuidado ao dar o primeiro passo na direção errada!

Melhor ainda: acabe com essa história de pular horas de sono. Durma boas oito horas por noite, mesmo que esteja começando a se reeducar. Essas horas não serão desperdiçadas. Uma ótima noite de sono faz cada hora acordado ser muito mais produtiva. E não é isso que estamos buscando, no fim das contas?

Lembre-se de que seu cérebro continua ativo à noite. Ele trabalha em áreas que você não consegue acessar durante o dia. Você não quer acordar com novas soluções na cabeça, em vez de olheiras no rosto?

Claro que, às vezes, emergências pedem horas extras de trabalho. E é claro que alguns prazos não podem ser esticados e você precisa se esforçar mais do que o normal no fim do expediente. Isso acontece. E está tudo bem se esse trabalho a mais não for contínuo, mas temporário.

A longo prazo, o trabalho não é mais importante do que o sono.

Pouquíssimos problemas podem ser resolvidos após doze ou até quinze horas de trabalho diárias. Passar a noite em claro é um alerta de perigo, não um convite a prosseguir. Se as noites de trabalho estão se estendendo, reduza o ritmo. Quase tudo pode esperar até a manhã seguinte.

Falta de equilíbrio

Na maioria das empresas, o tal equilíbrio entre a vida pessoal e o trabalho é uma farsa. Não porque não deveria haver um equilíbrio, mas porque o trabalho sempre parece colocar o dedo gordo na balança. E aí o lado da vida pessoal perde. Isso não é equilíbrio.

Equilíbrio é dar e receber. O comum no ambiente corporativo é a vida pessoal dar e o trabalho receber. Se é mais fácil trabalhar em um domingo do que tirar uma folga na quinta-feira, não há equilíbrio nenhum.

Com sete dias na semana e o trabalho tomando a maior parte das horas acordadas de pelo menos cinco deles, a nossa vida pessoal já começa em desvantagem. E tudo bem, as pessoas precisam pagar as contas. Mas cinco dias já é o suficiente.

É muito simples. Se você trabalha de segunda a sexta, fins de semana deveriam ser território proibido para o trabalho.

E se você também decidir que vai tirar a quarta-feira para passar um tempo com os filhos, tudo bem. Você não precisa fazer o dia render, só seja responsável com o seu tempo e garanta que a sua equipe saiba que você não estará disponível. Tudo se acerta no fim das contas.

O mesmo vale para noites de serão. Se o trabalho pode lhe pedir algumas horas após o expediente, então a vida pessoal também deveria poder pedir por horas antes que ele acabe. Equilíbrio, lembra? Dar e receber.

Pessoas sensatas fazem escolhas sensatas, e, em troca, a empresa precisa ser sensata também. Isso sim é equilíbrio.

A PRODUTORA DE TV E ROTEIRISTA SHONDA RHIMES COMANDA MUITAS SÉRIES QUE VÃO AO AR EM HORÁRIO NOBRE, MAS FAZ QUESTÃO DE MANTER UMA POLÍTICA DE NÃO ATENDER A TELEFONEMAS OU RESPONDER E-MAILS DEPOIS DAS SETE DA NOITE OU NOS FINS DE SEMANA.

Contrate o trabalho, não o currículo

Poucas situações no mundo dos negócios são tão estressantes quanto perceber que você contratou a pessoa errada. E não termina aí, porque adivinha? Agora você precisa mandar a pessoa embora (o que é estressante para você e para ela) ou tolerar um estorvo (estressante para você, para ela e para todos os outros membros da equipe). Um estresse que só gera outro estresse.

E às vezes é mais sutil que isso. Alguém pode ser a pessoa certa, mas que não dá certo com a equipe. Sempre que alguém se junta (ou deixa) um time, o ritmo já não continua o mesmo. É uma nova equipe. Não importa o grupo, toda mudança de pessoal afeta a dinâmica de trabalho.

Embora seja impossível sempre fazer contratações perfeitas, você certamente pode aumentar as chances de sucesso se reconsiderar a sua abordagem ao avaliar candidatos.

Veja como fazemos isso.

Primeiro, ninguém consegue um emprego na Basecamp com base no currículo. Literalmente os jogamos no lixo. Nós não ligamos se você foi para a faculdade, há quantos anos está no mercado, ou até mesmo onde já trabalhou. O que nos interessa é quem você é e o que pode fazer.

Então você tem que ser uma boa pessoa. Alguém com quem o resto da equipe deseja trabalhar, não apenas alguém que os outros possam tolerar. Se for um babaca, não nos interessa quão bom seja no trabalho; nada que possa fazer por nós compensaria esse fardo.

Mas é mais do que isso. Procuramos candidatos interessantes e diferentes das pessoas que já contratamos. Nós não precisamos de cinquenta clones de vinte e poucos anos, todos de moletom e com as mesmas referências culturais. Somos capazes de realizar um trabalho melhor, mais amplo e mais cuidadoso quando a equipe reflete a diversidade da nossa base de clientes. Alguém que não seja "exatamente o que já temos" tem qualidade para nós.

Se o candidato passar por esses quesitos — sendo alguém com quem as pessoas estão animadas para trabalhar e que pode nos trazer uma nova perspectiva —, tudo gira em torno do trabalho. Os currículos não funcionam. Currículos podem listar o trabalho que fizeram, mas todos sabemos que as pessoas exageram um pouco e, muitas vezes, mentem. Além disso, mesmo que seu currículo seja perfeitamente honesto e preciso, uma lista de trabalhos não é o trabalho em si. Não aceite apenas a palavra das pessoas. Avalie seu trabalho.

Sim, talvez você tenha trabalhado na reformulação da *nike.com*, mas que parte do site você fez? Um currículo geralmente não responde a essa pergunta. A maioria dos trabalhos nos quais as pessoas estiveram envolvidas nos últimos empregos são confidenciais, ou participações difíceis de especificar, ou talvez tenham sido feitos junto de uma equipe incrível, ou a função exata seja muito ambígua. Por isso, na Basecamp, colocamos um projeto real na frente dos candidatos para que eles nos *mostrem* o que podem fazer.

Por exemplo, quando escolhemos um novo designer, contratamos os finalistas por uma semana, pagamos 1.500 dólares por esse período e pedimos que faça um projeto como amostra. Então temos uma criação própria para avaliar.

Jamais fazemos perguntas enigmáticas ou apresentamos problemas de lógica, tampouco simulamos um cenário em que os candidatos tenham a resposta na ponta da língua. Nós não passamos o dia tentando desvendar mistérios, fazemos trabalho de verdade. Então, oferecemos trabalho de verdade aos candidatos e um tempo adequado para que o façam. É o mesmo tipo de trabalho que estariam fazendo se fossem contratados.

A ideia é que, concentrados na pessoa e em seu trabalho, podemos evitar contratar alguém idealizado. É muito fácil cair na historinha cuidadosamente arquitetada de alguém. Ótimas referências, ótima faculdade, uma lista impressionante de trabalhos anteriores... Como não amar tudo isso? É assim que as empresas contratam as pessoas erradas. Escolhem o candidato com base em uma lista de qualificações anteriores, não em suas habilidades atuais.

Quando você se força a focar apenas o indivíduo e o seu trabalho, em vez de um suposto passado glorioso, acaba dando chance a mais pessoas. Alguém que decidiu pular certas partes da educação escolar, ou um autodidata, passam pelo filtro. Não há cortes arbitrários baseados em "anos de experiência" que impedem que uma pessoa que aprende rápido se candidate a uma posição sênior.

Pessoas incríveis e ansiosas para realizar um ótimo trabalho vêm dos lugares mais improváveis e não se parecem em nada com o que você pode estar imaginando. A única maneira de encontrá-los é focando a busca apenas na sua personalidade e no seu trabalho.

Ninguém "já vem pronto"

"Nós queremos alguém pronto" é o bordão das empresas que buscam um candidato para uma vaga sênior. Há a suposição natural de que alguém que já foi chefe de programação ou de design em seu último emprego será capaz de assumir esse posto em qualquer outro lugar e obter resultados imediatamente. Isso não é verdade. Toda empresa é diferente, e as habilidades e a experiência necessárias para dar certo mudam de um lugar para o outro.

Tome como exemplo o gerenciamento de pessoal. Na Basecamp, projetamos a organização para ser majoritariamente livre de gerências. Isso significa que os funcionários costumam ser responsáveis por definir as próprias metas de curto e médio prazo, e só recebem direcionamentos das tarefas de longo prazo.

Essa pode ser uma configuração desconfortável quando alguém está acostumado a ter assistência e direcionamento diários sobre o trabalho. Quanto mais alguém está acostumado a esse tipo de gerenciamento dirigido, mais terá que se reorganizar para se dar bem aqui. Esse tipo de reorganização pode ser tão difícil quanto aprender habilidades completamente novas. Às vezes até mais difícil.

O mesmo vale se o cargo sênior for ocupado por alguém que esteja acostumado a realizar os trabalhos apenas delegando as tarefas. Na Basecamp, todos colocam a mão na massa, então a influência é mais efetiva quando a pessoa lidera o trabalho, e não simplesmente manda os outros fazerem tudo.

Tais perigos são multiplicados quando se tem pessoas em cargos seniores que migraram de uma empresa grande para uma pequena, ou vice-versa. É especialmente tentador pensar que, se você trabalha em uma empresa pequena, poderia se beneficiar de alguém com a experiência de uma grande empresa para ajudá-lo a "crescer". Mas tentar ensinar uma empresa pequena a agir como uma empresa grande raramente dá resultados. Na maioria das vezes, é melhor encontrar alguém que está familiarizado com os desafios do tamanho da sua empresa.

O fato é que, a menos que você contrate alguém que ocupe um cargo idêntico ao que você precisa, em uma empresa idêntica à sua, as pessoas dificilmente estarão a todo vapor no primeiro instante, capazes de entregar resultados instantâneos. Isso não significa que uma vaga em particular não seja adequada a um candidato de nível sênior. Apenas que a decisão de contratá--lo não deveria ser baseada na ilusão de resultados imediatos.

A maneira mais rápida de se desapontar é criar expectativas pouco racionais.

Ignore a disputa por profissionais talentosos

Não vale a pena competir por talentos. Talento não é um recurso finito e escasso, do tipo que você tem ou não tem. E raramente funciona em todos os lugares. Alguém que é considerado talentoso em uma empresa, muitas vezes acaba sendo ineficaz em outra. Não comece uma guerra por conta de talento.

Na verdade, jogue no lixo toda metáfora sobre disputas por talentos no campo empresarial. Pare de pensar em talento como algo a ser saqueado e comece a pensar nisso como algo a ser cultivado e nutrido. As sementes para esse cultivo estão disponíveis no mundo inteiro para as empresas dispostas a fazer esse trabalho.

De toda forma, essa questão é principalmente sobre o ambiente de trabalho. Mesmo que você tenha a mais preciosa orquídea em seu jardim, a planta vai morrer sem o devido cuidado. E se você se dedicar a ter o melhor ambiente, com um pouco de paciência, pode cultivar suas próprias orquídeas. Não há necessidade de roubar as do vizinho!

Na Basecamp, você não vai encontrar nenhum talento incrível que roubamos de outras empresas. Mas haverá muitas pessoas talentosas, a maioria já trabalhando conosco há anos. Em alguns casos, há mais de uma década.

Quase nenhum dos nossos talentos veio das áreas tradicionais da indústria, como a baía de São Francisco, ou até mesmo Seattle e Nova York. Não porque não haja pessoas excelentes lá, mas porque tem muita gente boa em toda parte.

Por exemplo, encontramos um designer maravilhoso no estado de Oklahoma, trabalhando para um jornal; um programador incrível nos arredores de Toronto, trabalhando em uma pequena loja de web design; e uma excelente pessoa de atendimento no Tennessee, trabalhando em uma delicatéssen. Além de não ligarmos para proveniência ou localização, também não consideramos a educação formal. Olhamos o trabalho das pessoas, não o diploma.

Descobrimos que nutrir potencial inexplorado é muito mais estimulante do que encontrar alguém que já está no auge. Contratamos muitos dos nossos melhores funcionários não por quem eles eram, mas por quem poderiam se tornar.

É preciso paciência para crescer e nutrir seu próprio talento. Mas o trabalho necessário — cultivar uma cultura de calma no trabalho — é o mesmo que melhora a empresa para todos. Então, mãos à obra.

Não negocie salários

Na maioria das empresas, para ser pago de forma justa, não basta ser muito bom no seu trabalho; você também tem que ser um ótimo negociador. A maioria das pessoas não é, então elas acabam sendo prejudicadas — às vezes ganhando menos do que muitos juniores recém-contratados.

O problema é que a maioria das pessoas simplesmente não gosta de negociar. Nem na hora de comprar um carro ou uma casa. Tampouco seus salários. É uma situação desagradável, e mesmo que você faça isso bem, pode facilmente acabar com aquela sensação irritante de "será que eu teria conseguido mais?" (Esse sentimento geralmente entra em ação quando a pretensão salarial é aceita rapidamente!)

Então por que as empresas sujeitam todas as pessoas a um jogo tão embaraçoso todos os anos?

Bem, nós também fizemos isso por anos. É apenas uma daquelas coisas que parece ser uma lei imutável do mercado de trabalho. Mas não é, e, alguns anos atrás, mudamos nossa rota e decidimos eliminar o estresse que acompanha todo o ritual de negociação salarial.

Nós não negociamos mais salários ou aumentos na Basecamp. Todos no mesmo papel e no mesmo nível ganham o mesmo valor. Trabalhos iguais, salários iguais.

Avaliamos novas contratações em uma escala que vai de programador júnior, programador, programador sênior, para chefe de programação e, por fim, diretor de programação (ou designer, ou suporte ao cliente, ou na parte operacional ou qualquer outra função para a qual estamos contratando). Usamos a mesma escala para avaliar quando alguém está na fila para uma promoção. Todo funcionário, novo ou velho, se encaixa em um nível da escala, e há um salário atrelado a cada função.

Uma vez por ano, revisamos as taxas de mercado e emitimos automaticamente os aumentos. Nosso objetivo é encaixar todos os funcionários da empresa entre os 10% mais bem pagos do mercado para seus respectivos cargos. Então, se você trabalha em suporte ao cliente ou na área operacional, em programação ou no design, seu salário estará na faixa dos 10% melhores para a sua posição.

Se alguém está abaixo dessa faixa, recebe um aumento grande o suficiente para atingir o valor almejado. Se alguém estiver acima, fica onde está. (Não vamos diminuir o salário dos nossos funcionários porque a média salarial daquela categoria caiu.) Se alguém for promovido, vai ganhar um aumento para igualar a taxa de mercado do novo nível.

Obtemos as taxas de mercado por meio de diversas empresas de pesquisa salarial, que analisam uma ampla gama de companhias do setor (das gigantes às de tamanho mais parecido com a Basecamp). Não é um sistema perfeito e frequentemente verificamos com outras fontes, mas é certamente melhor do que ouvir o bom e velho "eu soube que a empresa X paga Y..."

Nossas taxas de mercado são baseadas nos números de São Francisco, apesar do fato de não termos nenhum funcionário morando por lá. São Francisco é simplesmente a cidade com os melhores salários em nosso setor, do mundo inteiro. Então não importa onde você escolha viver, pagamos o maior salário médio do mercado. Afinal, onde você mora não tem nada a ver com a qualidade do seu trabalho. E é pela qualidade do trabalho que estamos pagando. Que diferença faz se você vive em Boston, Barcelona ou Bangladesh?

Nós não começamos pagando os altíssimos salários de São Francisco. Por um tempo seguimos um modelo parecido, mas usando as taxas de Chicago. O importante não é pagar salários com base na cidade mais bem remunerada ou nos 10% mais bem pagos do mercado, e sim manter os salários iguais para posições e cargas de trabalho iguais.

Isso dá a todos na empresa a liberdade de escolher onde querem viver, e não há penalidade por se mudar para uma área com custo de vida menor. Encorajamos o trabalho remoto e parte de nossos funcionários moram fora dos Estados Unidos.

Não pagamos bônus na Basecamp, então nossos salários são comparados com os salários de outras empresas incluindo no cálculo de bônus. (Nós costumávamos oferecer bônus muitos anos atrás, mas descobrimos que logo passaram a ser considerados parte do salário. Então, se eram reduzidos, as pessoas sentiam que estavam recebendo salários menores.)

Apesar de ser uma prática comum nos Estados Unidos, a Basecamp não oferece planos de opções de compra de ações para os funcionários, pois não está em nossos planos vender a empresa. Além disso, se você já trabalhou em algum lugar em que as opções de ações representam boa parte da remuneração, conhece o estresse que um mercado volátil pode causar. Não é exatamente tranquilizador.

Então, isto é o que fazemos: prometemos distribuir 5% dos rendimentos para todos os funcionários se algum dia vendermos a empresa. Nenhum valor de ação para acompanhar, nenhuma avaliação de mercado para se preocupar. E, se algo acontecer, vamos compartilhar. Se não, não precisa perder tempo pensando nisso. É uma surpresa agradável, não uma compensação.

Recentemente, estabelecemos um novo processo de participação nos lucros. Se o lucro total da Basecamp crescer, em comparação com o do ano anterior, distribuiremos 25% desse crescimento para os funcionários naquele ano. Isso não está ligado aos cargos, não é sobre o desempenho individual, e como não temos um setor comercial, não é uma comissão. Ou todos ganham, ou ninguém ganha.

Certamente existem empresas onde as pessoas podem ganhar mais do que na Basecamp. Especialmente se são boas negociadoras, capazes de persuadir um empregador a lhe oferecer um salário maior do que de seus colegas para o mesmo trabalho.

Há também muitos lugares que oferecem "bilhetes de loteria" (também conhecidos como opções de ações) que poderiam tornar alguém milionário da noite para o dia, se essa pessoa for trabalhar em uma startup que, contra todas as possibilidades, se transforme no próximo Google ou Facebook.

Mas a Basecamp não é uma startup. Estamos no mercado de softwares desde 2004. Somos estáveis, sustentáveis e damos lucro.

Nenhum sistema de compensação é perfeito, mas, pelo menos sob esse modelo, ninguém é forçado a pular de emprego em emprego apenas para obter um aumento que corresponde ao seu valor de mercado. Esses resultados são refletidos no fato de que temos muitas pessoas na Basecamp que já estão conosco há um longo tempo e não têm planos de sair. No momento da publicação deste livro, um nível acima de 50% de nossos funcionários esteve aqui por cinco anos ou mais. Isso é muito raro em uma indústria em que a as empresas conseguem manter seus funcionários por menos de dois anos.

É claro que o pagamento não é a única razão pela qual alguém pode deixar a empresa. Pessoas já saíram da Basecamp por diversas razões. Por exemplo, queriam tentar a sorte no Vale do Silício ou almejavam uma carreira completamente diferente. Isso é saudável! É bom mudar de rumo algumas vezes, mas o salário não deve ser o principal motivador para a maioria das pessoas.

Contratar e treinar pessoas não é apenas caro, mas desgastante. Toda essa energia poderia ser aplicada em fazer produtos melhores com pessoas que você manteve feliz a longo prazo por ser justo e transparente sobre o salário e os benefícios. Tratar mal as pessoas porque você está tentando acabar com os salários daqueles que ficaram parece simplesmente um mau negócio.

Há muita felicidade e produtividade no trabalho quando você tem uma equipe estável. É absolutamente essencial a forma como conseguimos fazer tanto com tão pouco na Basecamp. E ficamos verdadeiramente perplexos com o fato de tamanha vantagem competitiva ser tão negligenciada.

O FUNDADOR DA GRIFE PATAGONIA, YVON CHOUINARD, SEMPRE PASSA UMA TEMPORADA EM WYOMING, ONDE FAZ ESCALADA E PESCA, VENDO COMO ESTÃO AS COISAS NO ESCRITÓRIO APENAS DUAS VEZES POR SEMANA.

Quem está se beneficiando?

Já ouviu falar daquelas empresas cujos benefícios incluem salas de videogame, barras de cereal, refeições preparadas por chefs conceituados, sala de cochilos, serviço de lavanderia e cerveja de graça às sextas-feiras? Parece tudo tão generoso, mas também esconde uma armadilha: você não consegue sair do escritório.

Esses benefícios extravagantes confundem os limites entre trabalho e diversão até chegar ao ponto em que tudo é apenas trabalho. E quando você pensa por essa lógica, não é realmente um ato generoso, e sim traiçoeiro.

Pense um pouco no jantar de graça para os funcionários que ficam trabalhando após o horário do expediente. Como trabalhar por mais tempo pode ser um benefício? Ou nos almoços grátis que acabam cortando o tempo livre e mantendo os funcionários no escritório por mais tempo. Antes de sequer discutir essa ideia de "almoço grátis", precisamos entender e concordar que nada é "de graça".

Há uma correlação bastante estranha entre as empresas que oferecem esse tipo de benefício e as que não param de falar em "trabalhar ao máximo". Jantares, almoços, salão de jogos, serões... Isso tudo existe em empresas nas quais se trabalha em um ritmo de sessenta horas semanais ou mais, e não nas de quarenta horas. Soa mais como um suborno do que como benefício, não é?

Não temos nada disso na Basecamp. Não apenas porque não exigimos que alguém venha fisicamente ao escritório para trabalhar, mas porque não oferecemos benefícios com armadilhas. Não queremos aumentar as horas que nossos funcionários passam trabalhando. Não estamos procurando tirar o máximo proveito de todos, estamos apenas procurando algo razoável. E isso requer equilíbrio.

É por isso que encaramos os benefícios como uma forma de ajudar as pessoas a fugir do trabalho e levar vidas mais saudáveis e interessantes. Algo que realmente os beneficie no lugar de beneficiar a empresa. Embora a empresa esteja claramente se beneficiando do fato de ter funcionários mais saudáveis, interessados e descansados.

Veja uma lista de benefícios relevantes e "fora do escritório" que oferecemos a todos os funcionários, não importa o cargo ou o salário:

- Férias totalmente pagas todos os anos para todos os que estiverem na empresa há mais de um ano. Não damos apenas o tempo de folga, pagamos pela viagem completa (passagens, hotel), com um valor de até 5 mil dólares por pessoa ou família.
- Fins de semana de três dias durante o verão. De maio a setembro, quando é verão no hemisfério norte, nós só trabalhamos 32 horas semanais. Isso permite que todos tirem as sextas ou as segundas de folga, para que tenham seus três dias de descanso, toda semana, por todo o verão.
- Trinta dias sabáticos e pagos pela empresa a cada três anos. As pessoas podem passar esse tempo sem fazer nada, descobrindo novas vocações ou escalando o Himalaia. Qualquer coisa que lhes agrade.

- Mil dólares por ano para atividades educativas. E isso não tem nada a ver com aprender uma habilidade que possa ser usada no trabalho. Quer aprender a tocar banjo? Pode contar com a gente. Quer ter aulas de culinária? Sem problema. Nada disso tem relação com o trabalho da Basecamp, mas está relacionado a encorajar as pessoas a fazerem algo que sempre sonharam em fazer, mas precisavam de um pouco de incentivo e ajuda para realizar.
- Dois mil dólares por ano para doações de caridade. Escolha uma instituição para doar uma quantia de até dois mil dólares, e nós pagamos.
- Um valor atribuído para suporte à agricultura comunitária. O que significa frutas e vegetais frescos para os funcionários e suas famílias aproveitarem *em casa*.
- Uma massagem mensal em um spa de verdade, não no escritório.
- Um benefício de cem dólares mensais para a prática de exercícios físicos. Basicamente, pagamos mensalidades em academias, aulas de yoga, tênis de corrida, inscrições em corridas, ou o que quer que façam para se manterem saudáveis.

Nem um único benefício tem a intenção de prender as pessoas no escritório. Nenhum que faria alguém preferir estar no trabalho do que em casa. Ou que prioriza o trabalho em vez da vida. No lugar disso, muitas razões para fechar o laptop em um horário razoável, para que haja tempo para aprender, cozinhar, malhar e aproveitar a vida com a família e os amigos.

Regras da biblioteca

Quem quer que tenha decidido definir o típico ambiente de trabalho aberto (com todo o barulho, a falta de privacidade e os convites para interrupções) como algo moderno e atualizado merece uma maldita medalha do Comitê de Interrupções Irritantes. Esse tipo de escritório só é ótimo para uma coisa: amontoar o máximo de pessoas possível, sacrificando o espaço individual.

Escritórios com conceito aberto são péssimos para a realização de trabalhos criativos, feitos por profissionais que precisam de paz, silêncio, privacidade e espaço para pensar e dar o seu melhor.

Fica ainda pior quando mistura diferentes profissões, com diferentes demandas. Quando o pessoal de vendas ou de serviços, que frequentemente precisa fazer barulho e ser simpáticos no telefone, tem que dividir a sala com pessoas que precisam de longos períodos de silêncio, por exemplo. Isso não só destrói a produtividade como alimenta irritações.

Em espaços assim, as distrações se espalham como um vírus. Antes que você se dê conta, todos estão infectados.

Por mais que ambientes fechados e escritórios individuais sejam a solução mais sensata, se você não fornecer isso a todos, acaba alimentando a amargura nas pessoas. Mas temos boas notícias: você não precisa desistir de um escritório aberto, mas precisa desistir da mentalidade do escritório aberto.

Foi o que fizemos com nosso escritório em Chicago. Em vez de pensar nele como um escritório, pensamos como uma biblioteca. De fato, nós chamamos nossos princípios de "Regras da biblioteca".

Entre em uma biblioteca em qualquer lugar do mundo e você perceberá a mesma coisa: é um lugar quieto e calmo. Todo mundo sabe como se comportar em uma biblioteca. De fato, poucas coisas transcendem culturas como o comportamento das pessoas em uma biblioteca. É um lugar aonde vão para ler, pensar, estudar, se concentrar e trabalhar. E o ambiente silencioso e respeitoso reflete essa intenção.

Não é assim que um escritório deveria ser?

As pessoas que visitam nosso escritório pela primeira vez são surpreendidas pelo silêncio e pela serenidade. Não parece nem soa como um escritório tradicional, não é o mesmo tipo de ambiente. Isso é porque é realmente uma biblioteca para o trabalho, e não um escritório cheio de distrações.

No escritório da Basecamp, se alguém estiver à mesa, presumimos que está profundamente concentrado e focado no trabalho. Isso significa que não podemos interrompê-lo. Isso também significa que as conversas devem ser mantidas em sussurros para não perturbar ninguém que possa estar ouvindo. O silêncio domina o ambiente.

Para dar conta da demanda de ocasionais trabalhos em equipe, reservamos algumas pequenas salas no meio do escritório para onde as pessoas podem ir se precisarem trabalhar em algo juntas (ou ter uma conversa privada).

Algumas escolhas simples, uma mudança de mentalidade e uma cultura de respeito ao tempo, atenção, foco e trabalho de todos. Isso resume o que é necessário para passar a adotar as regras da biblioteca. As pessoas instintivamente já conhecem as regras da biblioteca, só precisam praticá-las no escritório também.

Você está duvidando? Instaure as regras da biblioteca em seu escritório toda primeira quinta-feira do mês. Temos certeza de que os funcionários vão implorar por mais.

Nada de férias falsas

Quando alguém tira férias na Basecamp, fazemos parecer que essa pessoa não trabalha mais aqui. Encorajamos todos a ficarem completamente indisponíveis: deixe o laptop no escritório, exclua o aplicativo da Basecamp no celular e não fique checando o e-mail. Vá embora de verdade. Suma daqui. Fique fora de alcance.

Todo o propósito de tirar férias é sair da rotina. Não apenas estar em um lugar completamente diferente, mas pensar em coisas completamente diferentes. O trabalho não deve estar em sua mente. Ponto final.

Mas a realidade é que a maioria das empresas realmente não oferece aos funcionários qualquer tempo de férias de verdade. Tudo o que oferecem são "férias falsas", em que os funcionários ainda podem ser chamados para alguma teleconferência ou para uma "ligação rápida"; além disso, espera-se que os funcionários estejam disponíveis para responder a qualquer dúvida.

Se você trabalha em tempo integral, quando foi a última vez que realmente conseguiu se desligar de tudo por um período integral? Não apenas por um fim de semana, mas por semanas. Sem ouvir seus colegas falarem de trabalho. Sem que tenha sentido qualquer culpa ou urgência para checar mais uma vez o e-mail de trabalho. Pouquíssimas pessoas têm direito a isso hoje em dia. É uma tragédia.

Férias falsas mantêm os funcionários presos a uma coleira. Sujeitos a serem arrancados de volta ao trabalho a qualquer momento. Um tempo sem trabalhar não é exatamente um benefício, se puder ser retirado imediatamente. Isso parece mais um empréstimo horrível, com péssimas condições, além de juros terríveis. Foda-se essa merda.

Os empregadores não têm o direito de tomar noites, fins de semana ou férias de ninguém. Isso é tempo de vida. Verdadeiras emergências são uma exceção, mas deve acontecer no máximo uma ou duas vezes por ano.

Quando as empresas agem como se fossem proprietárias de todos os funcionários, acabam cultivando uma cultura de exaustão neurótica. Todas as pessoas precisam de uma chance de se desligar de verdade e recarregar as energias. Se a empresa nega isso, ainda mais durante as férias, os funcionários voltam ao trabalho cansados e ressentidos.

Aqui, aprendemos isso da maneira mais difícil. Em determinado momento, tentamos oferecer férias ilimitadas, mas notamos que as pessoas realmente acabavam tirando menos tempo de folga do que normalmente tirariam. Isso era exatamente o oposto do que queríamos.

Ninguém quer ser visto como preguiçoso nem passar dos limites em uma política aparentemente generosa. Então todos apostavam no lado mais seguro, o que acabava os prejudicando, no fim das contas. Todos seguiam o exemplo de quem quer que tirasse as férias mais curtas na equipe.

Então, nossa política oficial hoje em dia é a seguinte: "A Basecamp oferece três semanas de férias pagas, algumas folgas para serem usadas como o funcionário bem entender, e não trabalhamos nos feriados nacionais. Essa é apenas uma regra guia, então se você precisar de alguns dias extras, não há problema. Nós não rastreamos seus dias de folga, confiamos na honra das pessoas. Apenas lembre-se de verificar com a sua equipe antes de se ausentar por um tempo longo, para não deixar ninguém na mão."

Nós garantimos três semanas, mas os dias que você quiser tirar a seu gosto também estão disponíveis. Apenas fique atento ao impacto, deixe a sua equipe avisada, então, se desligue completamente e tenha férias maravilhosas. O mundo ainda estará de pé quando você voltar.

Despedidas calmas

Embora seja desagradável para todos os envolvidos, a saída de alguém é apenas um momento específico. Vai passar. O que permanece após a demissão é a maravilhosa equipe que ainda trabalha na empresa e as pessoas que vão ficar curiosas sobre o que aconteceu com o colega de trabalho. Por que ele não está mais aqui? Quem é o próximo? Se eu não sei, talvez seja eu.

Em muitas empresas, quando alguém é demitido ou se demite, tudo se resume em desconversar. "Ei, o que aconteceu com o Bob?" "Ah, o Bob? É melhor não falamos mais sobre ele. Era hora de ele seguir em frente." Foda-se essa merda.

Se você não se comunica claramente com todos sobre as razões para alguém ter ido embora, as pessoas que permanecem surgirão com uma história para explicar o acontecido. E essas histórias provavelmente serão piores do que o motivo real.

Uma demissão abre um vácuo, e, a menos que você preencha esse vácuo com os fatos, ele rapidamente se enche de boatos, conjecturas, ansiedade e medo. Se quer evitar isso, você simplesmente tem que ser honesto e claro com todos sobre o que aconteceu. Mesmo que seja difícil. É por isso que, sempre que alguém deixa a Basecamp, um aviso de desligamento é enviado imediatamente para toda a empresa.

Esse anúncio é escrito pela pessoa que está saindo ou pelo seu gerente. É escolha deles (mas a maioria das pessoas que saíram da Basecamp decidiram escrever seus próprios anúncios de despedida). De qualquer forma, alguém vai precisar escrever alguma coisa.

A pessoa que está saindo recebe todas as respostas à sua despedida até o fim do dia. Essas respostas geralmente incluem compartilhamento de fotos, memórias e histórias. Dizer adeus é sempre difícil, mas não precisa ser algo formal ou frio. Todos sabemos que as coisas e circunstâncias mudam e que merdas acontecem.

E se a mensagem para a empresa não incluir detalhes sobre os motivos de estarem saindo, o gerente da pessoa vai escrever uma nova mensagem na semana seguinte preenchendo as lacunas. Quando alguém sai para outro emprego, toda a história é compartilhada pela pessoa que está saindo. Mas quando alguém é demitido, muitas vezes temos que esclarecer tudo depois que a pessoa parte. É importante que as razões sejam claras e nenhuma pergunta permaneça sem resposta.

É assim que conseguimos ter despedidas calmas.

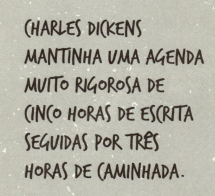

CHARLES DICKENS MANTINHA UMA AGENDA MUITO RIGOROSA DE CINCO HORAS DE ESCRITA SEGUIDAS POR TRÊS HORAS DE CAMINHADA.

Disseque seus processos

A hora errada para o tempo real

Um chat em grupo é como estar em uma reunião que dura o dia inteiro, com participantes aleatórios e sem qualquer pauta organizada. É completamente exaustivo.

O chat faz com que as conversas pareçam estar naquelas esteiras dos aeroportos, sempre se afastando. Se você não está à mesa de trabalho quando a conversa acontece, nunca terá a chance de contribuir. Isso significa que, se quiser dar uma opinião, precisa estar prestando atenção durante todo o dia (e muitas vezes em várias conversas). Você pode decidir não acompanhar, mas terá que enfrentar o medo de ficar de fora. Não deixa de ser injusto.

No entanto, o chat não é totalmente ruim quando usado com moderação. Ele é muito bom para resolver as coisas rapidamente quando a velocidade é realmente importante. E, se há uma crise ou uma emergência e você precisa ter um monte de pessoas alinhadas e na mesma página, o chat é muito adequado. (Também é ótimo para jogar conversa fora, falar besteira e compartilhar fotos bobas, e para construir uma camaradagem entre as pessoas nos intervalos do trabalho.)

Mas em geral é algo delicado, pode acabar gerando a paranoia de fazer tudo imediatamente. Ficar em chats o tempo todo nos condiciona a acreditar que tudo é digno de ser discutido em tempo real, mas a verdade é que raramente é o caso. Quase tudo pode e deve esperar até alguém ter a chance de pensar e trabalhar um pouco mais.

Caso contrário, o consenso implícito está sempre à espreita. "Como assim você não concorda? Nós discutimos isso no chat". "Como eu deveria saber? Eu não estava no chat, estava trabalhando em outra coisa". "Ops, bem, nós discutimos e concluímos que você concordava, já que não falou nada". "Porra!" Esse tipo de coisa é muito comum quando as decisões são tomadas em chat.

Quando se trata disso, temos duas regras básicas: "Tempo real às vezes, comunicação assíncrona na maior parte do tempo." E "se é importante, respire fundo".

Tópicos importantes precisam de tempo, movimento e de uma separação do resto dos assuntos. Se algo está sendo discutido em um chat e é claramente importante demais para ser processado linha a linha, pedimos às pessoas que mandem um e-mail sobre o assunto. Isso se mescla à regra "se todo mundo precisa ver, não resolva no chat". Dê à discussão uma atenção dedicada, que não se perca quando as pessoas rolarem a conversa para baixo.

Há muitos gerentes por aí que adoram grupos de chat porque podem entrar e sair depressa e falar com muitas pessoas ao mesmo tempo, mas há muitos funcionários por aí suando a camisa o dia inteiro, tentando manter a ideia de que estão sempre envolvidos na conversa, mas plenamente consciente de que têm trabalho de verdade a ser feito.

Na indústria dos softwares, é comum culpar os usuários. A culpa é do usuário. As pessoas não sabem usar a ferramenta. Estão usando errado. Precisam fazer isso ou aquilo. Mas a verdade é que organizações específicas encorajam comportamentos específicos. Se a organização leva ao estresse, então é uma ferramenta ruim.

Os chats funcionam bem como uma pequena parte da comunicação, mas não podem representar toda a interação entre as pessoas.

Prazos impossíveis

A maioria dos prazos na verdade são impossíveis. Datas nada realistas estipuladas para demandas de um projeto que não para de crescer. Mais trabalho não para de chegar, mas as metas e as datas continuam iguais. Isso não é trabalho, é um inferno.

Sem um prazo fixo e realista, não se pode trabalhar com calma. Quando você não acredita na data ou quando acha impossível fazer tudo que lhe dizem para fazer em um período específico, ou quando alguém continua entregando mais trabalho sem oferecer mais tempo, você trabalha freneticamente. Poucas coisas são tão desmoralizantes quanto trabalhar em projetos que parecem não ter fim.

Na Basecamp, nós não trabalhamos assim. Não temos pavor de prazos, na verdade os acolhemos. Nossos prazos permanecem fixos e justos. Eles são fundamentais para o nosso processo e o nosso progresso. Se o prazo é dia 20 de novembro, então o prazo é dia 20 de novembro. Não vamos adiantar nem adiar nada.

O que variamos é o escopo que temos sobre o problema: o trabalho em si. Mas apenas para menos. Não dá para fixar um prazo e depois adicionar mais trabalho. Isso não é justo. Nossos projetos só podem ficar menores ao longo do tempo, não maiores. À medida que progredimos, separamos o que é preciso ser feito do que seria legal fazer e abandonamos tudo o que não é essencial.

E quem toma a decisão sobre o que fica e o que acontece em um período fixo de tempo? A equipe que está trabalhando nisso, é claro. Não o CEO, nem o CTO. A equipe que está fazendo o trabalho tem controle sobre esse trabalho. Eles empunham o "martelo do escopo", como o chamamos. Podem escolher esmagar o trabalho que precisa ser feito em pequenas partes e então deliberar cada pedaço individual e objetivamente. Depois podem classificar, filtrar e decidir o que vale a pena manter e o que pode esperar.

É fundamental que o escopo tenda a ter menos trabalho, porque quase tudo o que pode levar seis meses também pode ser feito, de alguma outra forma, em seis semanas. Da mesma forma, pequenos projetos se tornam projetos grandes se você não for cuidadoso. É tudo sobre saber onde cortar, quando parar e quando seguir em frente.

Outra maneira de pensar sobre os prazos é que são baseados em recursos necessários em um tempo específico para realizar uma tarefa, não em estimativas. Não somos fãs de estimativas porque, sejamos francos, os seres humanos são péssimos em fazer estimativas. Mas são muito bons em cumprir tarefas no tempo proposto. Se dissermos a uma equipe que eles têm seis semanas para construir uma ótima ferramenta de calendário na Basecamp, há muito mais chances de a equipe produzir um ótimo trabalho adorável do que se perguntássemos quanto tempo levaria para criar essa ferramenta de calendário específica e, em seguida, os forçássemos a trabalhar nos fins de semana para cumprirem a estimativa.

Um prazo com um escopo flexível é um convite à cautela, a compromissos e a compensações, todos os ingredientes necessários para projetos calmos e saudáveis. É quando você tenta dar um jeito tanto no escopo quanto no tempo que acaba criando medo, trabalho em excesso e exaustão.

Aqui alguns dos sinais reveladores de que o prazo na verdade é impossível:

- Uma quantidade excessiva de trabalho que precisa ser feita em uma quantidade de tempo curta demais. "Esta reformulação enorme precisa ser feita em quinze dias. Sim, eu sei que metade da equipe vai estar de férias na semana que vem, mas isso não é problema meu."
- Uma expectativa irracional de qualidade, considerando os recursos e o tempo. "Não podemos comprometer a qualidade, e todos os detalhes precisam estar perfeitos até sexta-feira. Custe o que custar."
- Uma crescente quantidade de trabalho planejada para ser entregue no mesmo tempo do começo do projeto. "O CEO acabou de me dizer que também precisamos lançar isso em espanhol e italiano."

Limitar o trabalho pode ser libertador, e prazos realistas com escopos flexíveis ajudam justamente neste aspecto. Mas para isso você precisa aceitar prazos fixos e evitar estimativas. Um ótimo trabalho preencherá o tempo determinado se você permitir.

Não aja por impulso

Na maioria das empresas, as pessoas montam uma apresentação, reservam uma sala de reunião e convocam a equipe para falar sobre uma nova ideia. Se tiverem sorte, ninguém vai interrompê-las durante a apresentação. (Mas geralmente alguém toma a palavra e atrapalha a apresentação nos primeiros dois minutos.) Quando acaba, as pessoas *reagem*. Esse é precisamente o problema.

A pessoa que está defendendo a ideia presumivelmente dedicou muito tempo, reflexão e energia para reunir seus pensamentos e apresentá-los para um grupo. Mas o resto das pessoas na sala são convidadas a reagir. Não absorver, nem pensar ou considerar o assunto. Apenas reagir. Como que por impulso. Essa não é uma boa forma de tratar novas e frágeis ideias.

Na Basecamp, nós mudamos o roteiro.

Quando apresentamos uma ideia, quase sempre é por escrito na forma de um documento criado com esmero. Ilustrado, sempre que possível. E então é enviado a todos, o que permite que os envolvidos saibam que há uma ideia esperando para ser considerada.

Considerada!

Nós não queremos reações. Não queremos primeiras impressões. Não queremos nada por impulso. Queremos um feedback com considerações. Leia o documento. Examine duas, três vezes.

Pense nisso antes de dormir. Não tenha pressa para reunir e apresentar seus pensamentos. Assim como a pessoa que apresentou a ideia original teve o tempo necessário para organizar e propor o trabalho.

É assim que se aprofunda em uma ideia.

Às vezes, quando as pessoas apresentam ideias na Basecamp, haverá silêncio por alguns dias, seguido de uma inundação de feedbacks. Tudo bem, pois isso é esperado. Imagine uma sala em silêncio depois de uma reunião sobre alguma proposta. Seria estranho. E é exatamente por isso que preferimos não apresentar nada pessoalmente. Queremos que o silêncio e a reflexão sejam naturais, e não provocadores de ansiedade.

Dessa maneira, estamos permitindo que as pessoas recebam atenção. Ninguém pode interromper o dono da ideia, porque não há ninguém para interromper. A ideia é compartilhada até o fim, não há espaço para que alguém seja interrompido, para que as ideias acabem empacadas. Eles conseguem a atenção da qual precisam. E, quando alguém estiver pronto para dar seu feedback, essa pessoa também terá a atenção de todos.

Experimente um dia desses. Não faça reuniões, escreva propostas e ideias. Não reaja, considere.

Cuidado com as semanas de doze dias

Lá no início, sempre lançávamos nossos softwares nas sextas-feiras. Isso muitas vezes significava ter que trabalhar aos sábados e aos domingos para consertar um problema urgente no programa novo, porque acabava com os planos do final de semana para quem fez o lançamento. Era estúpido, mas previsível, porque continuamos estabelecendo prazos para a sexta-feira. Mas sexta-feira é o pior dia para lançar qualquer coisa.

Primeiro porque provavelmente houve correria para terminar o que tinha que ser feito. Então, os trabalhos produzidos na sexta tendem a ser um pouco desleixados.

E segundo porque as segundas-feiras não vêm depois das sextas. Sábados e domingos vêm depois das sextas. Então, se algo der errado, vai ser preciso trabalhar no fim de semana.

Por fim, em terceiro, se você trabalha nos fins de semana, não terá a chance de recarregar a bateria. Basicamente, quando já trabalhou a semana toda e é forçado a trabalhar no fim de semana, a segunda-feira seguinte é o oitavo dia da última semana, não no primeiro dia da semana seguinte. Isso significa que, se você continuar trabalhando durante a semana seguinte, trabalhará doze dias seguidos. Isso não é bom.

Então estávamos criando estresse desnecessário. Estresse que não existia só no momento, mas que também permanecia na semana seguinte. E por quê?

Não conseguimos encontrar um bom motivo, então em vez de lançar grandes atualizações de software nas sextas-feiras, passamos a esperar até a segunda-feira da semana seguinte. Sim, isso introduziu outros riscos — se de alguma forma cometermos um grande erro, vai acontecer no dia mais movimentado da semana. Mas ter noção disso também nos ajuda a estar mais bem preparados para o lançamento. Quando há mais em jogo, o ser humano tende a ser mais cuidadoso.

Isso nos encorajou a levar a garantia de qualidade mais a sério, para que possamos identificar os problemas com mais antecedência. Reduzir o estresse do dia de lançamento foi uma abordagem multifacetada. Primeiro vem o reconhecimento, então a remediação.

Hoje em dia, o lançamento de novos softwares na Basecamp é quase inteiramente sem estresse. Sempre haverá um pouco daquele frio na barriga — mesmo um músico profissional ou um orador público fica nervoso diante de uma multidão. Mas não somos estressados. E se estamos nos sentindo inquietos por qualquer razão, atrasamos o lançamento até nos acalmarmos.

A POETIZA E DEFENSORA DOS DIREITOS HUMANOS MAYA ANGELOU PREFERIA ESCREVER SOZINHA EM UM QUARTO SIMPLES DE HOTEL E TERMINAVA O TRABALHO ÀS DUAS DA TARDE, TENDO TEMPO O SUFICIENTE PARA RELAXAR ANTES DE JANTAR COM O MARIDO.

O novo normal

As coisas ficam normais muito depressa.

Primeiro, começa com alguém que não se encaixa. Algum comportamento que você não gosta, mas tolera. Então outra pessoa segue aquele exemplo, mas você não percebe ou deixa passar. Até que muitas pessoas adotam o mesmo comportamento irritante, repetindo o que viram porque ninguém tomou a frente para corrigir o erro.

Aí é tarde demais. Tornou-se parte da cultura da empresa. O novo normal.

Isso acontece o tempo todo. Um único comentário sarcástico pode se transformar em uma tempestade de ironias, assim como uma única faísca pode causar um incêndio florestal. E, implicitamente, quando você deixa acontecer, acaba se tornando aceitável. Um comportamento que não é impedido se torna um comportamento autorizado.

Já passamos muito por isso na Basecamp. Houve um tempo em que alguém trabalhando em um caso difícil com um cliente difícil poderia desabafar no chat da empresa, e ninguém reclamaria. Também já crucificamos empresas que haviam cometido erros, nos esquecendo de que quem tem teto de vidro não deveria ficar atirando pedras nos outros.

Nós meio que sabíamos que isso não estava certo, mas não paramos. O que apenas tornou muito mais difícil quando finalmente decidimos que esses hábitos precisavam acabar.

Criar uma nova cultura é muito mais difícil do que prevenir que algo errado se torne parte da empresa. Se você não quer ervas daninhas, precisa cuidar do seu jardim.

Você não precisa deixar algo passar por muito tempo até que se torne o novo normal. Cultura é o que você faz, não o que você pretende que seja. Não é o que espera ou deseja que seja. É o que você faz. Então faça melhor.

Hábitos ruins superam boas intenções

Gerentes controladores tendem a permanecer controladores.

Workaholics tendem a permanecer workaholics.

Desonestos tendem a permanecer desonestos.

O que fazemos repetidamente acaba virando hábito. Quanto mais você faz, mais difícil fica de mudar. Todas as suas melhores intenções sobre fazer a coisa certa "mais tarde" não são páreo para o poder do hábito.

Ainda assim, as pessoas se enganam o tempo todo. Acham que podem passar anos trabalhando por longos períodos com a desculpa de "assim não vou precisar trabalhar nisso depois". Talvez você não *precise*, mas provavelmente *vai* trabalhar. Porque se torna um hábito.

Desde o início da Basecamp, insistimos em horas semanais razoáveis. Não fizemos serões para cumprir prazos impossíveis. Analisamos os projetos para que se adequassem a um bom dia de trabalho e dormíamos noites tranquilas. Não era magia nem sorte; era escolha.

Se logo de início tivéssemos começado a contratar um monte de pessoas das quais não precisávamos, estaríamos até hoje contratando pessoas sem necessidade. Em vez disso, contratamos quando é necessário. Lentamente e apenas quando decididamente houver demanda. Não contratamos alguém apenas pela possibilidade de precisarmos de mais mão de obra.

Se tivéssemos começado forçando as pessoas a trabalharem no escritório, até hoje estaríamos pensando que a única forma de trabalhar em equipe seria vendo uns aos outros todos os dias. Mas, na verdade, hoje temos pessoas trabalhando em tempo integral em dezenas de cidades ao redor do mundo. Eles trabalham no seu próprio ritmo, em sua própria casa.

Quando a calma na empresa começa cedo, se torna um hábito. Mas, se você enlouquecer, será definido pela loucura. É preciso sempre se perguntar se a maneira como está trabalhando hoje é a maneira que você vai querer trabalhar daqui a dez, vinte ou trinta anos. Se não, a hora de fazer uma mudança é agora, não "mais tarde".

As desculpas vivem no "mais tarde". As boas intenções vão morrer no "mais tarde". O "mais tarde" é totalmente alquebrado. O "mais tarde" diz "os serões são temporários, vão durar apenas até resolvermos esse problema". Isso é improvável. Realize a mudança agora.

Independência

Poucas pessoas questionam a suposição de que uma empresa precisa sempre se esforçar para caminhar em sincronia. Equipe A fornecendo exatamente o que a equipe B precisa, quando precisa. Tudo alinhado e coreografado. Mas esse balé de interdependência é algo que preferimos ignorar.

Queremos que nossas equipes possam alcançar o sucesso de forma independente, no lugar de tropeçarem em sincronia. As coisas deveriam se encaixar, não se amontoar.

Dependências são emaranhados, equipes entrelaçadas, grupos ou indivíduos que não podem se mover sozinhos. Sempre que alguém está esperando outra pessoa, há um obstáculo no caminho.

Se você está construindo aviões ou trabalhando em uma linha de montagem, aí tudo bem. Essa interdependência provavelmente é necessária. Mas a maioria das empresas de hoje não precisa mais disso, só que continuam como se precisasse.

Nós caímos na armadilha da dependência algumas vezes. Por exemplo: costumávamos tentar alinhar as programações de lançamento para o site e o aplicativo de dispositivos móveis. Se tivéssemos algo novo no site, precisávamos esperar até que as versões para iPhone e Android também estivessem prontas antes de lançar. Isso nos atrasava, confundia e levava a frustrações autoimpostas. No fim das contas, descobrimos que os usuários de Android não se importavam se estavam usando exatamente o mesmo design dos usuários de iPhone.

Também costumávamos ter cinco ou seis novos recursos principais juntos em um lançamento explosivo, em vez de lançar cada nova melhoria quando estivesse pronta. Lançamentos explosivos fazem muito barulho, mas acabam colocando em risco cada componente, porque, se uma coisa não der certo, todo o pacote pode acabar empacado. E isso sempre acontece. Então corremos um risco muito maior de ter atrasos significativos na entrega ou de, na pior das hipóteses, termos que cancelar tudo.

Jogar um monte de trabalho fora apenas por conta de um processo errado é um soco no estômago. Mas isso é o que acontece quando seu trabalho está impregnado de dependências.

Hoje lançamos cada recurso quando está pronto, não quando está em sincronia com tudo. Se estiver pronto para o site, pode lançar! A versão iOS vai recuperar o atraso quando estiver pronta. Ou se a versão iOS for a primeira, o Android vai ganhar sua versão quando estiver pronta. O mesmo vale para o site. Os clientes dão valor quando algo está pronto em qualquer plataforma, não quando tudo está pronto em todas as plataformas ao mesmo tempo.

Então não dê mais nós, corte-os. Quanto menos ligações, melhor.

Comprometimento, não consenso

O padrão ideal para decisões judiciais é ter um veredicto unânime de um júri de pares. Quando as consequências são graves, o consenso é a única solução aceitável. Qualquer resultado diferente disso é insuficiente.

Isso é um ideal maravilhoso para a justiça criminal, mas é uma prática terrível de se imitar no mundo dos negócios. Se tiver que tomar uma única decisão, que pode ser literalmente uma questão de vida ou morte, vale a pena carregar esse fardo. Mas para os negócios, você vai precisar tomar diversas decisões importantes todos os meses. Se todas precisarem de um consenso, você acaba em uma rotina sem fim com um efeito colateral significativo. O custo do consenso é muito alto.

Quando muitas pessoas se reúnem em uma sala sob a suposição de que o consenso é a única forma de sair dali, começa uma guerra de insistências. Quem quer que consiga continuar argumentando por mais tempo tem mais chance de vencer. E isso é estupidez.

Então qual é a solução? Não é como se as boas decisões simplesmente florescessem na mente das pessoas. Elas sempre serão fruto de consulta, de evidências, de argumentos e de debates. Mas a única forma sustentável de realizar isso no mundo dos negócios é ter decisões *tomadas* por indivíduos.

Alguém que esteja no comando precisa fazer uma escolha, mesmo que outros prefiram uma alternativa. Boas decisões não precisam de consenso, mas sim de comprometimento.

Jeff Bezos falou muito bem sobre isso em sua carta para os acionistas, em 2017:

> "Eu discordo e me comprometo o tempo todo. Recentemente autorizamos a produção de um programa original da Amazon Studios. Eu dei minha opinião à equipe: 'não estou certo de que vai ser interessante o suficiente, é complicado de produzir, os negócios não estão indo muito bem, e nós temos muitas outras oportunidades.' Eles tinham uma opinião completamente diferente e queriam seguir em frente. Eu imediatamente respondi: 'Eu discordo, mas me comprometo e espero que se torne o programa de mais sucesso que já fizemos.' Pensem em como esse processo de decisão seria mais lento se a equipe tivesse que *me convencer*, em vez de simplesmente ganhar meu comprometimento."

Nós concordamos totalmente. Temos praticado o hábito de discordar e nos comprometer desde o início, mas foi preciso ler a carta de Bezos para nomear a prática. Agora nós até usamos esse exato termo em nossas discussões. "Nós discordamos, mas vamos nos comprometer" é algo que você ouvirá na Basecamp após debates acalorados sobre produtos específicos ou decisões estratégicas.

As empresas desperdiçam uma enorme quantidade de tempo e energia tentando convencer todos a concordar antes de avançar em alguma direção. O que frequentemente recebem é a aceitação relutante de quem mantém ressentimentos velados.

Em vez disso, o ideal é permitir que todos sejam ouvidos, e, em seguida, uma pessoa toma a decisão final. O trabalho dessa pessoa é ouvir, considerar, contemplar e decidir.

Empresas calmas conseguem realizar isso. Todos estão convidados a propor ideias, defender seu caso e ter a palavra, mas a decisão é deixada para outra pessoa. Desde que as pessoas sejam verdadeiramente ouvidas e que fique sempre claro que sua opinião importa, aqueles que decidiram falar vão entender o processo, mesmo que as coisas acabem não sendo feitas do seu jeito.

Por último: o que é especialmente importante em discordar e se comprometer é que a decisão final deve ser explicada claramente para todos os envolvidos. Não é só decidir e seguir em frente, é decidir, explicar e só então seguir em frente.

Comprometer a qualidade

Na Basecamp, comprometemos a qualidade o tempo todo. Lançamos recursos que não são bons o suficiente para todos (mas que estão ótimos para muitas pessoas). Remendamos bugs quando não são ruins o suficiente para justificar uma verdadeira manutenção na raiz do problema. Publicamos textos em nosso blog que podem ter um ou dois erros gramaticais.

Não dá para ser perfeito em todas as situações. Saber quando é preciso aceitar aquilo que está apenas bom o bastante é o que dá oportunidades para ser excelente quando necessário.

Não estamos sugerindo que você só faça merda. É essencial ter orgulho dos projetos, mesmo que sejam apenas "ok". Tentar ser incrível em absolutamente tudo é uma grande perda de energia.

Em vez de nos esforçarmos ao máximo em cada detalhe, nós nos esforçamos muito para separar o que realmente importa do que importa um pouco e do que não importa nada. Ser capaz de separar as prioridades precisa ser sua maior meta. É fácil dizer "tudo tem que ser ótimo", mas qualquer um pode fazer isso. O desafio está em descobrir onde você pode ser só bom ou até mesmo mais fraco.

Pense assim: se você dedica 100% do trabalho a algo, significa que gastou 100% da sua energia nisso. Se gastar 20% de esforço para fazer cinco tarefas com 80% de aproveitamento... bem, então você realizou cinco tarefas. Na Basecamp, quase sempre fazemos essa troca.

Ser claro sobre o que exige excelência e o que pode ser apenas adequado é uma ótima maneira de trazer calma para o ambiente de trabalho. Você vai se preocupar menos e aceitar mais. "Isso está bom" é uma maneira maravilhosamente relaxante de trabalhar. Salvo as raras ocasiões em que precisamos nos esforçar para analisar detalhes que realmente importam.

Diminua o trabalho enquanto o realiza

É quase impossível trabalhar em algo e não ser tentado a perseguir todas as possibilidades de novas ideias que acabam surgindo. Há sempre mais uma coisa ou melhoria que poderia ser feita. Mas, se você realmente está progredindo, tem que diminuir o trabalho enquanto o realiza.

Após estabelecer as regras do projeto, o trabalho necessário para a conclusão deveria diminuir, não aumentar. O prazo precisa estar chegando a um fim confortável, não de um jeito que assuste. Lembre-se: prazos sensatos, não impossíveis.

Quando passamos seis semanas em algum projeto, as duas primeiras semanas devem ser usadas para esclarecer incógnitas e validar hipóteses. Esse é o momento em que o conceito precisa ser determinado com base na realidade e ser testado sobre o seu potencial de eficácia.

É por isso que começamos a criar protótipos o mais rápido possível nessas primeiras duas semanas. Conseguimos ter algo pronto em um ou dois dias. Nada é mais verdadeiro do que experimentar a ideia na vida real. É nessa fase que descobrimos se o que tínhamos em mente vai funcionar ou não.

Mas depois desse breve momento de exploração no início do projeto, é tempo de se concentrar e começar a estreitar as possibilidades. É o momento de ter uma visão focada no objetivo.

Isso vai contra as leis da exploração infinita. A constante busca por ideias melhores. Se fizermos mais um pouco de *brainstorm*, se pensarmos de maneira mais criativa, se explorarmos mais um pouco, se chamarmos mais algumas pessoas para colaborar com o projeto... Não.

Depois que a exploração inicial acaba, cada semana deve nos aproximar do fim do trabalho, não nos deixar mais distantes dele. Comprometa-se com uma ideia. Visualize-a pronta. Faça acontecer. Você sempre pode retomar a ideia mais tarde, mas só depois de terminar o projeto.

A quarta semana, em um projeto que dura seis, deve servir para finalizar tudo e diminuir a carga de trabalho, não surgir com novas grandes ideias.

Não é que novas abordagens ou ideias sejam ruins, mas o *timing* talvez seja. Manter a porta sempre aberta para mudanças radicais só serve para espalhar o caos e a dúvida. Feche essa porta. Aceite que ideias melhores não são necessariamente melhores se surgem depois que tudo já foi estabelecido. Se são realmente tão boas, vão servir para os próximos projetos.

Esta é, de fato, a resposta para ideias que surgem tarde demais: elas precisam esperar.

Por que não aceitar o "nada"?

"Não fazer nada não é uma opção."

É uma opção, sim. E muitas vezes a melhor.

"Nada" deveria ser sempre uma opção.

A mudança volta e meia piora as coisas. É mais fácil que a mudança ferre com algo que está funcionando muito bem do que realmente traga algum progresso. Mas costumamos nos iludir em pensar que mais tempo, mais investimento, mais atenção sempre serão coisas boas.

O caso em questão: estávamos trabalhando para renovar a maneira como os clientes e as empresas trabalham juntos usando o Basecamp. Nós estávamos planejando atualizar a experiência do usuário. Isso significava, em algum ponto, mover todos que usavam o jeito antigo para o novo. Isso significava migrar dados, converter formatos e forçar uma experiência totalmente diferente aos clientes.

Mas e se alguém gostasse do jeito antigo? Ou, mesmo que não gostasse, mas se estivesse confortável com ele? Às vezes presumimos que alguém precisa gostar ou não de algo. Muitas vezes as pessoas apenas se acostumam com algo, e é isso que elas preferem. Retirar essa experiência é um ato de violência, não de gentileza.

Então, na metade do projeto, acabamos desistindo. E se não fizéssemos nada? Nenhuma mudança forçada, nenhuma migração, nenhuma nova experiência para aqueles que preferiam o jeito antigo? E se os clientes que já tínhamos pudessem usar o que já usavam e nós só oferecêssemos o novo jeito para clientes novos, que nunca tivessem ouvido falar do antigo?

Foi o que fizemos. Nada. Nenhuma migração forçada, nenhuma necessidade de aprender algo novo ou vender a ideia de que "isso na verdade é melhor". As coisas ficariam exatamente como eram para os clientes já conquistados (apesar de eles também poderem optar pelo novo jeito, se quisessem).

"Nada" foi melhor para os clientes. E para nós também. Significava menos trabalho, reduzir o projeto, cortar semanas do prazo e lançar o produto mais cedo. "Nada" foi o melhor.

Às vezes é preciso lutar contra o óbvio. E às vezes é preciso reconhecer que mais tempo não significa mais benefícios. Não fazer nada pode ser a escolha mais difícil, mas também a melhor.

Já é o suficiente

Para sermos calmos, precisamos estar confortáveis com o suficiente.

Mesmo que não haja uma definição de quando alcançamos o suficiente ou quanto é o suficiente em cada situação, uma coisa é certa: se *nunca* é o suficiente, o trabalho sempre será uma loucura.

Há alguns anos, analisamos o tempo necessário para responder aos e-mails dos clientes. Às vezes levava horas. Mesmo que pareça rápido para muitas pessoas acostumadas a esperar dias por uma resposta, não era rápido o suficiente para nós.

Então começamos definindo um objetivo: uma hora. A grande maioria das centenas de clientes que escreviam para nós todos os dias receberiam uma resposta dentro de uma hora. Nada de respostas automáticas. Apenas seres humanos reais. Tudo muito rápido.

Para isso, contratamos mais gente e divulgamos a promessa de resposta rápida no nosso site, começamos a responder mais e mais rápido, e passamos a nos sentir orgulhosos daquela capacidade recém-descoberta.

Então ficamos mais ambiciosos. Ei, se conseguimos chegar a uma hora, por que não trinta minutos? Então chegamos. Por que não quinze minutos? Conseguimos. POR QUE NÃO DOIS MINUTOS? E.CLARO.QUE.CONSEGUIMOS!

Sério, dois minutos. Alguns e-mails eram respondidos em até um minuto!

E por que não? Por que não ser o mais rápido possível? Quanto mais rápida a resposta, melhor, certo?

Errado.

Responder a centenas de e-mails todos os dias em um ou dois minutos simplesmente não é uma proposta sustentável. A equipe que antes se orgulhava de conseguir cumprir o tempo estabelecido começou a ficar estressada. Algumas pessoas começaram a se sentir mal quando levavam três minutos para responder o e-mail de alguém, já que o tempo médio de resposta era de apenas dois minutos.

Imagine uma coisa dessas: se sentir *mal* porque seu tempo de resposta a um cliente foi de três minutos! Tínhamos tropeçado em um objetivo irreal, pensando que "quanto mais rápida a resposta, melhor" e estávamos pagando o preço. Era incrível que isso pudesse ser feito, mas nós esquecemos de nos perguntar se isso *deveria* ser feito.

Então recuamos.

Sem dúvida, os clientes adoravam receber retornos rapidamente. Muitos nos diziam isso. Ficaram realmente muito satisfeitos e impressionados. Mas, como descobrimos mais tarde, ficaram igualmente impressionados com os cinco minutos, dez minutos, ou até mesmo respostas dentro de uma hora. Sua expectativa era de que nunca receberiam retorno, ou que levaria talvez um ou dois dias. Então, receber uma resposta em, vamos dizer, quinze minutos já era o suficiente para impressioná-los.

Só precisávamos ser rápidos o suficiente, e quinze minutos era o suficiente. Mesmo quando levávamos uma hora, era o suficiente.

Isso fez com que a válvula de alívio de pressão em nossa equipe também funcionasse. Todos se acalmaram. Poderiam passar mais tempo pensando, ajudando e escrevendo, e menos tempo na correria. Tudo ficou melhor. Os clientes continuaram entusiasmados com nosso serviço rápido — que estava um pouco mais lento do que antes, mas ainda muito à frente da indústria —, e nossa equipe relaxou e fez um trabalho melhor. Vantajoso para as duas partes.

Não só foi o melhor, mas foi o suficiente.

As piores práticas

Toda indústria madura está cheia de melhores práticas. Há melhores práticas sobre como avaliar um produto, conduzir análises de funcionários, fazer marketing de conteúdo, criar um site ou um aplicativo para milhões de usuários. Não há fim para conselhos que se dizem os melhores.

No entanto, muitas dessas práticas não são apenas completamente idiotas, como também possivelmente a pior coisa que se pode fazer. O que conta como a melhor prática para uma empresa de 10 mil funcionários raramente é bom para uma empresa de apenas dez.

Caramba, até mesmo as melhores práticas internas da Basecamp, definidas quando só havia sete pessoas na empresa, falharam ou nos frearam quando crescemos para trinta funcionários. Acabamos frequentemente empacando em tarefas que costumavam funcionar bem, mas que não funcionam mais.

E não se trata apenas de uma diferença de tamanho, é uma diferença completa. Sua venda é baseada no recebimento de uma taxa periódica, ou seu produto tem apenas um custo? Práticas diferentes. Você cria projetos apenas para aquele aplicativo incrível no iPhone ou está tentando alcançar o Android, a web e o e-mail? Práticas diferentes. A empresa foi construída para durar, ou você está começando já com uma estratégia de saída em mente? Práticas diferentes. Seus funcionários trabalham há muito tempo juntos ou você resolveu criar uma nova equipe do zero? Práticas diferentes.

Há muitas razões para ser cético em relação às práticas recomendadas, mas uma das mais comuns é quando você vê alguém falando delas apenas baseado em observações externas sobre as práticas de uma empresa: "As 10 melhores práticas de desenvolvimento de produtos da Apple". Essa pessoa trabalhou em uma equipe de desenvolvimento de produtos na Apple? Não. Está simplesmente chegando às próprias conclusões com base nas próprias suposições sobre como acha que as coisas funcionam por lá. A menos que você tenha realmente feito o trabalho, não está em posição de defini-lo como uma prática recomendada.

Além disso, muitas das melhores práticas são puramente folclóricas. Ninguém sabe de onde vieram, por que começaram ou por que continuam a ser seguidas. Mas, por conta desse poderoso rótulo de "melhores práticas", as pessoas acabam se esquecendo de questioná-las. Alguém muito mais esperto do que nós deve ter inventado, certo? Todo mundo que segue essas práticas está fazendo um enorme sucesso, certo? Se não estamos nos dando bem com elas, só pode ser culpa nossa, certo? A maior parte das respostas a essas perguntas é "errado".

Além disso, práticas recomendadas sugerem que há uma única resposta para qualquer problema que você esteja enfrentando. Que não há realmente uma escolha sobre o assunto. Lute contra isso. Você sempre tem uma escolha.

Tudo isso não quer dizer que as melhores práticas não têm valor. Elas são como rodinhas de bicicleta. Quando você não consegue manter o equilíbrio ou controlar a velocidade, podem ajudá-lo a seguir em frente. Mas toda prática considerada a "melhor" precisa vir com um lembrete para ser analisada.

Por fim, não dá para desenvolver uma cultura calma se houver a constante preocupação com o que as melhores práticas dizem e se o processo está adequado a elas ou não. Encontre o que funciona para o seu caso e persista. Crie práticas e padrões. Quem se importa se são os melhores para qualquer outra pessoa?

O AUTOR HARUKI MURAKAMI ESCREVE BEST-SELLERS INTERNACIONAIS E VAI DORMIR TODOS OS DIAS ÀS NOVE DA NOITE.

Custe o que não custar

"Custe o que custar!" Parece bom, não é? É difícil encontrar palavras carregadas de mais inspiração, aspiração e ambição do que "custe o que custar!" É o grito de guerra dos líderes das indústrias e também dos generais de guerra. Quem não gostaria de ser esse herói e esse líder?

Mas você não está na Batalha da Normandia, não é mesmo? Provavelmente está apenas tentando encontrar uma forma de cumprir um prazo arbitrário, estabelecido por alguém que não tem que trabalhar de fato naquilo. Ou ultrapassando todos os seus limites para encontrar aquele resultado financeiro fantástico, que até mesmo alguém acostumado a dar o seu máximo não acha que seja algo sensato.

"Custe o que custar" é um iceberg. Evite que seu navio afunde. Pergunte a Edward Smith, o capitão do Titanic, que deu ordens à tripulação de que deveriam chegar a Nova York antes do planejado, só para quebrar um recorde, custasse o que custasse. Você já deve saber como essa história acabou.

Expectativas sensatas estão totalmente dissociadas do "custe o que custar". E você sabe que vai subestimar grosseiramente a dificuldade e a complexidade necessárias para simplesmente alcançá-las.

Certamente, você não mensurou o tempo, a energia e o dinheiro necessários para o "custe o que custar". Isso significa "esgotar recursos". Quando você para de mensurar os custos, já sabe que serão altíssimos.

Você provavelmente não está pronto para dar adeus a todas as coisas das quais precisará abdicar só porque disse sim ao "custe o que custar".

"Custe o que custar" significa que você provavelmente estará trabalhando às dez da noite de uma quarta-feira. E de uma quinta. E de uma sexta.

"Custe o que custar" significa fazer um trabalho desleixado apenas para cumprir o prazo e entregar alguma coisa.

"Custe o que custar" significa que, se não fizer aquilo, seu chefe vai encontrar outra pessoa para fazer.

Se você está no mercado há tempo o bastante, sabe que certamente haverá raros momentos em que "custe o que custar" é de fato pertinente. Uma emergência de verdade. Ou talvez porque a folha de pagamento está comprometida. Ou talvez porque a falta de ação vai marcar para sempre sua reputação. Então sim, há momentos para isso. Momentos raros e extremos. Não gerencie seus negócios todos os dias baseado no medo desses pontos fora da curva.

Aqui, fazemos o seguinte: em vez de dizer "custe o que custar" perguntamos "o que isso vai nos custar"? É um convite para uma conversa na qual podemos discutir estratégia, fazer concessões, realizar cortes, chegar a uma abordagem mais simples juntos, ou até mesmo decidir que não vale a pena, no fim das contas. Perguntas trazem opções, decretos as destroem.

Tenha menos para fazer

Técnicas para gerenciar o tempo, para viver mais, para dormir melhor, para se concentrar no trabalho... Tudo isso reflete uma obsessão em tentar usufruir de cada segundo do seu dia, mas reorganizar os padrões diários para encontrar mais tempo para o trabalho não é o problema. Ter muita coisa para fazer é o problema.

A única maneira de trabalhar mais é ter menos trabalho.

Dizer não é a única maneira de recuperar o tempo. Não misture doze tarefas para que possa fazê-las em ordem diferente, não defina uma contagem de tempo para ir de um trabalho a outro. Elimine sete das doze tarefas e terá tempo para as cinco que sobrarem. Não basta gerenciamento de tempo, é preciso eliminar obrigações. Todo o resto é lorota.

Além disso, o tempo não é algo que pode ser gerenciado. O tempo é o que é; corre no mesmo ritmo, não importa o que você faça para resistir. A única coisa que você controla é a forma como escolhe usar o seu tempo.

O especialista em gestão, Peter Drucker, foi direto ao ponto décadas atrás, quando disse: "Não há nada tão inútil quanto estabelecer uma forma eficiente de fazer o que simplesmente não deve ser feito." É isso!

Na Basecamp, nos tornamos implacáveis em eliminar qualquer trabalho que não precisa ser feito ou que não queiramos fazer.

Por exemplo, aceitávamos pagamentos por cartão de crédito e por cheque. Os cartões de crédito foram totalmente automatizados, então ninguém perdia tempo para processar o pagamento. Mas os cheques eram enviados pelo correio. O que significava que alguém precisava recebê-los, processá-los, lidar com valores incorretos, vinculá-los corretamente à conta e por aí vai.

Algumas empresas podem dizer: "Ei, tudo bem, vamos contratar alguém para fazer esse trabalho." Outras podem sugerir: "Vamos gastar tempo, dinheiro e tecnologia para automatizar ainda mais o processo."

E o que nós dissemos? "Não vamos mais aceitar cheques." Sim, decidimos recusar a receita e os clientes que só poderiam pagar com cheque. Mas não foi realmente um desvio, foi uma troca. O que perdemos em receita, ganhamos em tempo.

Não encorajamos nossos funcionários a encontrarem tempo no seu dia para lidar com o processamento manual de cheques. Em vez disso, eliminamos o trabalho que tinha que ser feito dizendo não aos cheques.

Com certeza há dezenas de coisas que não precisam ser feitas. Estamos sempre de olho, buscando rastreá-las. Não para simplesmente fazer uma lista, mas para acabar com elas de uma vez por todas.

Uma empresa de três

Quase todos os produtos nos quais a Basecamp trabalha são criados por equipes de três pessoas. Três é nosso número mágico. Essas equipes são geralmente compostas de dois programadores e um designer. E, se não for três, preferimos um ou dois em vez de quatro ou cinco. Nós não compartilhamos os problemas com mais pessoas, nós os fatiamos até que possam ser carregados até a linha de chegada por equipes de três pessoas.

Raramente fazemos reuniões na Basecamp, mas, quando acontecem, quase nunca há mais do que três pessoas à mesa. Mesmo com teleconferências ou chats de vídeo. Qualquer conversa com mais de três pessoas é uma conversa com gente demais.

E se houver cinco departamentos envolvidos em um projeto ou em uma decisão? Não há. Fazemos questão de não trabalhar em projetos assim.

Mas por que três? Três é um coringa, e é por isso que funciona. Três aponta para uma direção. É um número ímpar, então não há panelinhas. É poderoso o suficiente para causar um impacto, mas também fraco o bastante para não quebrar o que está funcionando. Grandes equipes sempre tornam as coisas piores, aplicando muita força a coisas que precisam de uma abordagem delicada.

O problema com equipes de quatro pessoas é que quase sempre é necessário adicionar um quinto elemento para gerenciá-las. O problema com cinco é que é muita gente. E seis, sete ou oito em uma equipe inevitavelmente vão dificultar coisas simples. Assim como o trabalho se expande para preencher o tempo disponível, o trabalho se expande para ocupar a *equipe* disponível. Projetos pequenos e curtos se tornam projetos grandes e longos quando tem gente demais trabalhando neles.

Você pode fazer grandes coisas com equipes pequenas, mas é um verdadeiro inferno fazer pequenas coisas com grandes equipes. E muitas vezes só é necessário realizar pequenas coisas. Lidar com projetos maiores de vez em quanto é ótimo, mas a maioria das melhorias vem com pequenos passos incrementais. Grandes equipes podem atropelar esses pequenos ajustes.

Três mantém o trabalho na linha. E equilibra as ambições da melhor forma. Exige que se faça escolhas. E mais importante, três reduz a falta de comunicação e melhora a coordenação. Três pessoas podem falar diretamente umas com as outras sem nenhum ruído. E é muito mais fácil coordenar a agenda de três pessoas do que a de quatro ou mais.

Nós amamos o número três.

Seja persistente

Se seu chefe está sempre movendo as pessoas de um projeto para começar outro, ninguém vai conseguir terminar nada.

Convocações para novos projetos podem acontecer por diversas razões, mas o mais comum é quando algum chefe tem uma ideia que simplesmente *não pode esperar*.

Essas ideias meia boca que surgem no meio do caminho levam a projetos inacabados e abandonados, que poluem o ambiente de trabalho e afetam o moral.

É por isso que, em vez de aceitar todas as novas ideias, fazemos cada ideia esperar um pouco. Geralmente algumas semanas, pelo menos. Isso é apenas o tempo suficiente para esquecê-la completamente ou para notarmos que não conseguimos parar de pensar nela.

O que torna essa pausa possível é que nossos projetos não duram uma eternidade. Duram seis semanas, no máximo, geralmente menos. O que significa que temos oportunidades naturais de considerar novas ideias em algumas semanas. Não precisamos interromper algo para começar um novo processo. Primeiro, terminamos o que começamos, depois consideramos o que queremos abordar em seguida. Quando a urgência vai embora, a ansiedade vai junto.

Essa abordagem também evita que trabalhos inacabados se acumulem. Ter uma caixa cheia de trabalho estagnado não é divertido. A felicidade é simples: terminar um bom trabalho, enviá-lo e, em seguida, passar para a próxima ideia.

Além disso, a manhã seguinte (ou a semana) encontra uma forma de nos dizer a verdade. É bom dormir pensando em algo. Você pode muito bem acordar no dia seguinte e notar que o que ontem parecia ser a melhor ideia do mundo agora não parece mais tão importante. Parar um pouco lhe ajuda a ter perspectiva.

Então pare por cinco minutos, mantenha a energia focada em terminar o que está fazendo agora e depois decida o que fazer em seguida, quando estiver livre para assumir um novo trabalho.

Aprenda a dizer não

O não é mais fácil de fazer. O sim é mais fácil de dizer.

Dizer não é negar uma coisa.

Dizer sim é negar mil coisas.

O não é um instrumento de precisão, o bisturi de um cirurgião, um raio laser focado em um ponto.

O sim é um objeto obtuso, um porrete, uma rede de pesca que pega tudo indiscriminadamente.

O não é específico.

O sim é geral.

Quando você diz não a uma coisa, é uma escolha que gera escolhas. Amanhã você pode estar tão aberto a novas oportunidades quanto hoje.

Quando diz sim a uma coisa, você queimou essa escolha. A porta está fechada para toda uma série de possibilidades alternativas, e o amanhã é muito mais limitado.

Quando você diz não, pode voltar atrás e dizer sim mais tarde.

Se você disser sim, será mais difícil dizer não depois.

O não é calmo, mas firme.

O sim é fácil, mas instável.

Saber para o que você está dizendo não é melhor do que saber para o que está dizendo sim.

Aprenda a dizer não.

O COMPOSITOR GUSTAV MAHLER ESCREVEU SUAS SINFONIAS ENQUANTO PASSAVA OS VERÕES NOS ALPES. LÁ, ELE ESCREVIA EM UM PEQUENO CHALÉ E CAMINHAVA POR HORAS APÓS O TRABALHO.

Cuide de seu negócio

Arriscar sem correr riscos

Muitos empresários são viciados em correr riscos. Quanto maior o risco, melhor. Eles querem viver perseguindo a emoção, a adrenalina e a glória de quando se está na corda bamba entre ganhar tudo e perder tudo. Nós, não.

Não precisamos nos arriscar para nos empolgar com o trabalho. Correremos riscos, mas não colocamos a empresa em risco.

Por exemplo, há pouco tempo fizemos algo que talvez parecesse incrivelmente arriscado: mais do que triplicamos o preço da assinatura do Basecamp. Passamos de 29 para 99 dólares mensais.

Em paralelo, fizemos algumas melhorias significativas no produto. E o novo preço não se aplicava a todos. Garantimos o preço antigo para os clientes já existentes. Mas aqueles que se cadastraram na Basecamp após a mudança passaram a pagar 99 dólares por mês.

Nós testamos isso? Não. Perguntamos às pessoas se estavam dispostas a pagar mais? Não. Tínhamos certeza de que funcionaria? De jeito nenhum. Parece arriscado, não é?

Mas qual foi o risco real? Seríamos aniquilados do mercado se não funcionasse? Não. Teríamos que demitir as pessoas se essa experiência brusca se provasse uma furada? Não. E por que não? Porque já tínhamos uma base maciça de mais de cem mil clientes pagando o valor anterior.

Prometemos a nós mesmos que esperaríamos seis meses para avaliar os resultados. E então iríamos com cautela ao longo do caminho. Um grande passo para, em seguida, dar pequenos passos à frente. E sempre poderíamos voltar atrás se a ideia se mostrasse um fracasso. Isso é um risco calculado e gerenciado, com um plano de segurança atrelado.

No fim das contas, triplicar o preço da assinatura funcionou muito bem. Abrimos mão de alguns clientes, mas isso foi mais do que compensado pelo preço mais alto. Era o que pretendíamos. Direto no alvo!

Assumir um risco não precisa ser imprudente. Você não é mais ousado ou corajoso porque põe seu negócio em risco. A aposta inteligente é aquela em que você pode continuar jogando se os planos não derem certo.

Celebrando as estações

Uma mudança é sempre vista como algo estressante. Porém, por outro lado, a monotonia pode ser ainda pior. É impossível trabalhar exatamente do mesmo jeito, no mesmo ritmo, fazendo o mesmo trabalho por muito tempo sem acabar sendo vítima da monotonia.

Ao longo da vida, tudo é sazonal. Mesmo que você viva em um lugar onde as estações do ano não sejam muito marcadas, há uma mudança no ritmo. Há a escola e as férias. Coisas diferentes que ocorrem em épocas diferentes.

Mas, a menos que você trabalhe em um negócio sazonal, o trabalho em março geralmente é o mesmo em maio. Junho é igual a janeiro. E seria difícil diferenciar o trabalho de dezembro do de fevereiro. Mas isso não acontece na Basecamp.

Nós celebramos os meses de verão (no hemisfério norte, pelo menos) dando um dia extra de folga toda semana. De maio até setembro, trabalhamos quatro dias e 32 horas por semana. A ideia não é atochar mais trabalho em menos horas, então também adaptamos nossas ambições. É no inverno que nos debruçamos sobre o trabalho e assumimos projetos maiores e mais desafiadores. No verão, com as semanas curtas de quatro dias, é quando lidamos com projetos mais simples e tranquilos.

Também celebramos as estações fora do ambiente de trabalho, bancando os custos de um pacote semanal de produtos oriundos de comunidades agrícolas para cada funcionário.

Assim há frutas frescas, locais e vegetais sazonais na casa de todos. Esse é um benefício que oferecemos ao longo de todo o ano, mas a recompensa naturalmente muda com as estações. É uma maneira deliciosa e saudável de celebrar a mudança.

Seja em horas, graus de dificuldade ou mesmo com benefícios específicos que enfatizam a mudança das estações, encontre formas de vencer a monotonia no trabalho. As pessoas ficam maçantes e difíceis se permanecerem no mesmo ritmo por muito tempo.

O lucro traz a calma

Fomos rentáveis desde nosso primeiro mês de funcionamento da Basecamp, em 1999. E continuamos lucrativos a cada ano.

Certamente tivemos nossa parcela de sorte, mas também nunca quisemos meter os pés pelas mãos. Sempre mantivemos os custos sob controle e nunca tivemos um movimento que nos fizesse ir do lucro ao prejuízo.

Por quê? Porque estar no prejuízo traz a loucura. E o lucro traz a calma.

Até que você esteja gerindo um negócio lucrativo, está sempre a ponto de quebrar. Está correndo na pista, se perguntando se vai conseguir levantar voo a tempo. Se preocupando com a folha de pagamento. É um ambiente com muita pressão!

Quando as empresas estão no vermelho, os funcionários se preocupam com seus empregos. As pessoas não são idiotas, elas sabem que prejuízo significa que o negócio não vai durar. A possibilidade de demissões é sempre um incômodo. E os currículos dos funcionários estão sempre atualizados.

Ter faturamento também não é uma garantia, porque um faturamento sem margem de lucro não vai salvá-lo. Você pode facilmente ir à falência gerando receita. Muitas empresas fecham assim. Mas você não vai falir se gerar lucro.

Lucro traz tempo para pensar, espaço para explorar. Traz o controle de seu próprio destino e horário.

Sem lucro, algo está sempre em chamas. Quando as empresas falam em queimar recursos, duas coisas estão queimando: dinheiro e pessoas. O primeiro você está gastando, o segundo, perdendo.

A ASTROFÍSICA SANDRA FABER, QUE FEZ DESCOBERTAS INCRÍVEIS SOBRE A MATÉRIA ESCURA E SOBRE COMO AS GALÁXIAS SÃO FORMADAS, DECLAROU QUE SEU TRABALHO É BENEFICIADO POR UMA ROTINA DIÁRIA NA QUAL DEDICA AS NOITES E OS FINS DE SEMANA À FAMÍLIA.

Perdendo valor

O pior cliente é aquele que você não pode perder. Aquele peixe grande que pode esmagar seu espírito e estremecer seus alicerces apenas com uma pequena demonstração de insatisfação. Esses são os clientes que o fazem perder o sono.

No entanto, empresas de software como a nossa são atraídas irresistivelmente pelo canto da sereia que são as grandes contas. Isso porque a maioria das vendas de software é feita por funcionário.

Ou seja, vender para uma pequena empresa com sete funcionários, com o preço de dez dólares por usuário, vai custar ao cliente setenta dólares mensais. Mas pense em uma empresa com 120 funcionários pelo custo de dez dólares por usuário. Você fatura 1.200 dólares por mês. Agora imagine o que uma conta de 1.200 funcionários faria. Ou uma conta de 12 mil funcionários.

Dá para ver por que grandes contas são tão atrativas e viciantes.

Nós rejeitamos o modelo de venda por usuário desde o primeiro dia. Não porque não gostamos de dinheiro, mas porque gostamos muito mais da nossa liberdade!

O problema do custo por usuário é que faz com que seus maiores clientes sejam os melhores. Com o dinheiro vem a influência, ou até o poder absoluto. E a partir daí são pautadas as decisões sobre o que ou em quem devemos investir nosso tempo. Não há como ficar imune a uma pressão dessas uma vez que o dinheiro começa a jorrar. A única solução é fechar a torneira.

Então, decidimos adotar a abordagem oposta. Adquira sua assinatura na Basecamp por apenas 99 dólares mensais. Um valor fixo. Não importa se tem cinco, cinquenta, quinhentos ou cinco mil funcionários, vai custar 99 dólares por mês. Você não vai nos pagar mais do que isso.

A princípio, você pode achar que esse modelo não faz sentido. Qualquer estudante no primeiro ano do MBA pode dizer isso. Você está jogando dinheiro fora! Está permitindo que seus maiores clientes recebam muito em troca de pouco! Eles não reclamariam de pagar dez, ou até cem vezes mais.

Não, obrigado. E estas são nossas razões:

Em primeiro lugar, como nenhum cliente pode nos pagar um valor descomunal, nenhuma demanda por novos recursos, consertos ou exceções vai automaticamente ficar no topo da lista de prioridades. Isso nos deixa livres para criar softwares em benefício de toda a nossa base de clientes, não a mando de apenas um ou poucos privilegiados. É muito mais fácil fazer o que é certo para muitos quando não há o medo de desagradar os peixes grandes.

Em segundo, queríamos construir a Basecamp para pequenas empresas, como nós: membros da *Fortune Five Million*, as milhões de pequenas empresas ao redor do mundo. E não basta criar um software para elas, queremos realmente ajudá-las. Honestamente, não damos a mínima para as quinhentas maiores empresas do mundo. As gigantes corporativas são muito mais propensas à estagnação. Com as *Fortune Five Million*, temos uma chance real de impacto. E esse é um trabalho mais satisfatório.

195

E, em terceiro, não queríamos ser sugados pela dinâmica que inevitavelmente se adota quando há uma caça por grandes contratos. Gerentes-chave de conta. Reuniões de vendas. Manipulação e lobby. Achamos o manual de vendas empresarial realmente repulsivo. E é inevitável segui-lo, se abrirmos a porta para as enormes quantias das empresas. Mais uma vez: não, obrigado.

Mas por que não fazer as duas coisas? Vender para pequenas empresas em um modelo e também ter um grupo de pessoas dedicadas a atender as grandes empresas? Porque não queremos ser uma empresa de duas cabeças, atrelada a duas culturas. Venda para pequenas empresas e venda para grandes corporações precisam de duas abordagens muito diferentes, e de tipos muito diferentes de pessoas.

Tornar-se uma empresa calma é basicamente decidir quem você é, quem é e quem não é seu mercado. É saber *o que* otimizar. Isso não quer dizer que haja apenas uma resposta correta a essas perguntas, mas não se questionar ou ficar indeciso é definitivamente o caminho errado.

Lance e aprenda

Se quer descobrir a verdade sobre o seu trabalho, precisa mostrá-lo ao mundo. Você pode testar, debater, argumentar e pesquisar, mas apenas quando decidir zarpar com esse navio mundo afora é que vai descobrir se vai afundar ou não.

O produto é bom? Resolve um problema real? Deveríamos fazer um melhor? Estamos entregando o que os clientes desejam? Alguém vai comprar? O preço está adequado?

Ótimas perguntas!

Mas você pode debater internamente para sempre. E muitas empresas fazem isso. Na busca por respostas, acabam encontrando apenas ansiedade. Dúvidas, medo e indecisão reinam pelos escritórios no mundo inteiro.

Mas por que se preocupar? Faça seu melhor, acredite no seu trabalho e lance seu produto no mercado. Assim, vai ter todas as certezas.

Talvez você acerte no alvo. Talvez dê tudo errado. Ou talvez seu produto tenha ficado entre esses dois extremos. Mas, se quiser saber, tem que colocá-lo no mercado. O mercado real é o único lugar onde você vai encontrar a verdade.

Você pode seguir um manual. Pode testar seu produto para sempre. Pode conversar com clientes em potencial e perguntar quanto pagariam pelo produto sendo preparado. Pode até realizar pesquisas e perguntar às pessoas se comprariam seu produto se oferecesse esse ou aquele recurso.

Mas e daí? Tudo isso leva a respostas simuladas. Não são reais.

Respostas reais só são descobertas quando alguém está motivado o suficiente para comprar seu produto e usá-lo em seu próprio ambiente e por vontade própria. Qualquer outra coisa é simulação. E situações simuladas fornecem respostas simuladas, enquanto lançar produtos reais traz respostas reais.

Na Basecamp, exercemos essa filosofia ao extremo. Nós não mostramos nada a nenhum cliente antes que todos os clientes possam ver. Não fazemos testes de versões beta. Não perguntamos às pessoas quanto pagariam por alguma coisa. Não perguntamos a ninguém o que pensam de algo. Realizamos o melhor trabalho que sabemos fazer e depois o lançamos no mercado. O mercado nos dirá a verdade.

Deixamos passar coisas que poderíamos ter descoberto se tivéssemos perguntado antes a um grupo de pessoas? Claro. Mas a que custo? Apresentar tudo o que construímos na frente do cliente antes do lançamento é um processo lento, caro e resulta em uma montanha de feedback prévio que precisa ser filtrado, considerado, debatido, discutido e decidido. E ainda assim vai ser tudo apenas palpite! É energia demais para gastar com palpites.

Então faça o seu melhor e disponibilize o produto para o mercado. Você pode partir desse ponto e ter insights reais e respostas reais de clientes reais que realmente precisam do produto. Lance e aprenda.

Prometa não fazer promessas

Desde o início da Basecamp, temos relutado em fazer promessas sobre futuras melhorias. Sempre quisemos que os clientes julgassem o produto que poderiam comprar e usar hoje, não uma versão imaginária que poderia existir no futuro.

É por isso que nunca nos comprometemos em divulgar planejamentos futuros para nossos produtos. Não porque guardamos a informação em segredo nos fundos de algum quarto escuro e não queremos revelar, mas porque realmente não existe planejamento futuro. Nós honestamente não sabemos no que vamos trabalhar daqui a um ano, então por que agir como se soubéssemos?

Mas, quando recentemente lançamos uma nova versão do Basecamp, acabamos fazendo promessas para o futuro de qualquer forma. Dã.

Veja bem, a nova versão inicialmente não incluía um recurso pelo qual nossos clientes estavam clamando: modelos de projeto. As solicitações e os e-mails com pedidos surgiram aos montes. Queríamos atender à demanda, mas não tínhamos certeza de quando conseguiríamos terminar. Então apenas dissemos às pessoas que a atualização viria "mais ou menos no final do ano". Na época, isso nos dava oito meses ou mais para realizar o trabalho, o que parecia fácil. Mas seria preciso muito trabalho para tornar isso possível, assim como para todas as outras tarefas que também precisávamos fazer em paralelo.

Março passou. E abril também. Então maio, junho, julho e agosto. Ainda não tínhamos lançado o recurso de modelos de projeto. E então setembro veio, e outubro, e, para cumprir a promessa, tivemos que abandonar muitas coisas que também queríamos fazer para entregar os modelos de projeto antes do fim do ano. É um ótimo recurso e os clientes amaram, mas tivemos que correr para entregar. É isso que acontece quando se faz promessas: pressa, correria, dificuldades e certo arrependimento pela promessa que foi tão fácil de fazer.

As promessas que fazemos se acumulam como dívidas e também geram juros. Quanto mais você demora para cumpri-las, mais caro terá que pagar e maior será seu arrependimento. Quando chega a hora de realmente fazer o trabalho, você se dá conta de quão caro foi aquele "sim".

Muitas empresas ficam soterradas por todo tipo de obrigações que precisam ser aplacadas. Promessas que os vendedores fazem para fechar um negócio. Promessas que os gerentes fazem aos clientes. Promessas que os donos fazem aos funcionários. Promessas que um departamento faz para o outro.

Dizer "sim, depois" é a maneira mais fácil de se livrar dessa obrigação. É fácil fazer muitas promessas antes de ter que gastar toda a energia futura nelas. Promessas são fáceis e baratas, mas o trabalho real é muito difícil e caro. Se não fosse, você simplesmente faria agora, em vez de prometer para depois.

A ESCRITORA E INTELECTUAL FRANCESA SIMONE DE BEAUVOIR SEMPRE RESERVAVA QUATRO HORAS TODAS AS TARDES PARA VISITAR OS AMIGOS.

Cópias

> E se o mundo inteiro estiver cantando suas canções
> E todas as suas pinturas forem penduradas em galerias,
> Lembre-se de que o que já foi seu
> Pertence a todos a partir de agora
> E isso não é errado ou certo
> Mas você pode lutar o quanto quiser
> Você só vai se desgastar
> — Wilco, "What a Light"

Você pode até ficar furioso porque um concorrente copiou o seu produto, roubou o seu design e se apropriou das suas ideias. Mas que bem isso vai fazer?

A raiva só vai servir para machucá-lo. Ela drena uma energia que você poderia usar para fazer um trabalho ainda melhor. A raiva embaça seu foco sobre o que o futuro lhe reserva, mantém você preso ao passado. E mais uma vez, para quê?

Acha que o concorrente vai ter uma crise de consciência e perceber o erro que cometeu só porque você ficou chateado? Se tivessem essa percepção, provavelmente não teriam copiado seu trabalho, para começar.

Acha que seus clientes vão se importar? Eles só querem um bom produto a um ótimo preço. Poucos terão tempo ou empatia para uma história triste sobre o que a concorrência fez ou não fez.

Nós fomos roubados e clonados cem vezes, no mínimo. O design dos nossos produtos já foi abduzido para a concorrência. Nossas palavras foram reaproveitadas e usadas contra nós. Nossas ideias foram sequestradas e atribuídas a outras pessoas.

A vida é assim! Se quer ser alguém calmo, precisa seguir em frente.

Para ser sincero, isso costumava nos incomodar no início. Nos primeiros dias da Basecamp, tudo era tão frágil que ficávamos realmente surtados quando víamos nosso material assinado por outra pessoa. O pior é quando a cópia é péssima! Aí é que você fica pirado, porque alguém está fazendo você parecer péssimo também.

Mas, na verdade, a menos que tenha a patente, não há muito que possa fazer a respeito. Sem contar que o plágio é pior para quem plagia do que para quem é plagiado. Quando alguém copia você, está copiando apenas um momento específico. Ninguém sabe de todo o raciocínio que o levou a esse momento, tampouco conhece o raciocínio que o conduzirá a milhões de outros momentos como esse. Os plagiadores estão presos ao que você deixou para trás.

Então, de verdade, é melhor relaxar. Viva a frustração por um momento, depois deixe pra lá.

Controle de mudanças

É comum ouvirmos que as pessoas não gostam de mudanças, mas essa afirmação não está tão correta assim. As pessoas não têm problema em aceitar uma mudança que pediram. O que as pessoas não gostam é de mudanças forçadas, que não solicitaram, em um momento que não escolheram. Sua proposta "nova e melhor" pode facilmente se tornar um "mas que merda é essa?" quando pega as pessoas de surpresa.

Na Basecamp, aprendemos essa lição várias vezes. Criávamos um novo design que mexia um pouco nas coisas para dar lugar a algo melhor, e tudo o que ouvíamos era "O QUE VOCÊS FIZERAM COM O MEU APP! EU GOSTAVA DO JEITO QUE ERA! VOLTEM A COMO ERA ANTES!"

O manual padrão do mundo dos softwares diz que devemos abrir mão ou desdenhar desses usuários. Ei, esse é o preço do progresso, e o progresso é sempre bom, sempre melhor. Isso é falta de visão e um posicionamento condescendente. Para muitos clientes, o melhor não importa. Conforto, consistência e familiaridade valem mais.

Isso não significa que seu novo projeto seja uma droga, só que as pessoas geralmente estão no meio de algo que consideram mais importante do que uma alteração no seu produto. Já investiram no que têm que fazer e já estão familiarizados com a forma como vão fazer. Aí você lança uma mudança, o que torna a vida deles mais difícil. Agora seus clientes precisam aprender algo novo no meio da tarefa antiga de que precisavam dar conta.

Precisamos de muito tempo e cometemos muitos erros até aprender essa regra essencial sobre vendas: venda o novo produto para novos clientes e deixe os antigos continuarem usando o que já estavam acostumados. Esse é o caminho para manter a paz e a calma.

É por isso que ainda executamos três versões completamente diferentes do Basecamp: o software original, que vendemos de 2004 até 2012, nossa segunda versão, vendida de 2012 a 2015, e nossa terceira versão, lançada em 2015. Cada nova versão era "melhor", mas nunca forçamos ninguém a fazer um upgrade. Se você se inscreveu para a versão original em 2007, pode continuar a usá-la para sempre. Um número significativo de pessoas ainda usa (e amamos isso)!

Então, por que simplesmente não ficamos apenas com a versão original do Basecamp? Porque tivemos novas ideias no caminho. Houve mudanças no mundo da tecnologia e do design. Nós evoluímos. Mas nossa evolução acontece no nosso ritmo, e os novos clientes de hoje em dia esperam algo diferente do que os novos clientes de uma década atrás. Isso não significa que devemos forçar os consumidores antigos a seguir no nosso ritmo.

Isso também não significa que você não deve convidar os clientes a conhecer seu mais novo produto. Mas deve ser um convite, não uma ordem. Se você passa a forçar a barra, alguns vão resistir, e de repente surgirá um conflito. E não há nada calmo nisso.

Honrar contratos antigos e manter produtos antigos não é barato. Mas esse é o preço de ter um legado. Esse é o preço de ser bem-sucedido o suficiente para ter clientes que gostaram de você antes da sua versão atual. Você deveria comemorar isso! Deveria se sentir orgulhoso do seu patrimônio.

Startups são fáceis, e stay-ups, difíceis

Muitos empresários investem tudo o que têm nos negócios. Noites longas, muito foco e amor. Então inauguram a empresa e ficam totalmente esgotados. E é aí que pensam "finalmente acabou". Pois pensam errado!

Começar as coisas é tão difícil que é natural esperar que tudo fique mais fácil depois. Mas não é. As coisas não ficam mais fáceis com o tempo, ficam mais difíceis. O primeiro dia é o mais fácil. É esse o segredo sujo do mundo dos negócios.

Conforme você cresce, precisa contratar mais pessoas. As pessoas vêm com suas personalidades. Com as personalidades, surgem as políticas da empresa e outros desafios inerentes à natureza humana.

Quanto mais clientes começam a notar você, mais concorrentes também notam. Agora você está na mira de alguém. No lançamento, estava totalmente focado na ofensiva, agora também tem que se preocupar com a defesa.

Antes que perceba, os custos aumentam. Torna-se mais caro manter a empresa funcionando. O lucro parece se distanciar à medida em que seu negócio se desenvolve e expande.

Isso soa melancólico e obscuro? Não é! De jeito nenhum! Na verdade, é muito estimulante. Mas também é a realidade. Os negócios ficam mais difíceis depois do início.

Então faz sentido se preparar mentalmente para o que vem depois da inauguração. Se acha que vai ser tudo um mar de rosas, vai ser pego de surpresa. Se entende como o futuro pode ser, é capaz de se planejar e estar pronto para quando o tempo fechar. Tudo se resume a ajustar as expectativas.

No fim das contas, as startups são fáceis, e as stay-ups, difíceis. Manter o espetáculo aberto por muito tempo é mais difícil do que subir no palco pela primeira vez. No primeiro dia, todas as startups estão de pé. No milésimo dia, apenas uma fração sobreviveu. Essa é a realidade. Então, segure a onda. Não gaste todas as suas energias muito cedo, presumindo que o pior já passou.

O DRAMATURGO TONY KUSHNER ESCREVE À MÃO, COM CANETAS-TINTEIRO E EM FOLHAS PAUTADAS AMARELAS. E PARA DE ESCREVER QUANDO A TINTA ACABA.

Não é grande coisa ou é o fim do mundo?

Vamos dizer algo que deveria ser óbvio: as pessoas não gostam de ter suas queixas subestimadas ou ignoradas. Quando isso acontece, mesmo a menor irritação pode se transformar em uma cruzada obsessiva.

Imagine que você está hospedado em um hotel e o ar-condicionado não está funcionando direito. Você chama a recepção para falar sobre o problema, e eles respondem que, ah, sim, estão cientes do problema e alguém vai consertar na semana que vem (depois que você for embora). Por enquanto, você poderia abrir a janela (que dá para aquela rua barulhenta e movimentada)? Nem sequer um pedido de desculpas, nem mesmo um tom de culpa.

Bem, o que antes causava apenas um pouco de aborrecimento (afinal, está fazendo 23°C e você gosta de dormir a 20°C) agora se tornou o fim do mundo! Você vai ficar furioso, jurar que vai escrever uma carta para a gerência e acabar com o hotel na avaliação on-line.

Jean-Louis Gassée, que costumava comandar a Apple France, descreve essa situação como a escolha entre dois botões. Quando você lida com os problemas dos outros, pode optar por apertar o botão que diz "Não é grande coisa" ou o que diz "É o fim do mundo". Qualquer que seja o botão escolhido, as pessoas pegam o outro.

A equipe do hotel no exemplo acima claramente escolheu "Não é grande coisa" e, como resultado, foi forçada a lidar com "É o fim do mundo". Mas poderiam muito bem ter feito a escolha oposta.

Imagine a equipe respondendo algo assim: "Sinto muito. Isso é claramente inaceitável! Posso entender completamente como deve ser quase impossível dormir em um quarto tão quente. Se eu não conseguir consertar esse problema hoje à noite, gostaria que eu reembolsasse sua estadia e o ajudasse a encontrar um quarto de hotel diferente nas proximidades? De qualquer forma, enquanto estamos buscando uma solução, permita-me enviar uma garrafa de água gelada e sorvete. Nós sentimos muitíssimos por esse problema e faremos todo o possível para resolvê-lo."

Com uma resposta como essa, você é quase forçado a escolher "Não é grande coisa". Sim, claro, um pouco de água e sorvete vai ser ótimo!

Todos querem ser ouvidos e respeitados. Geralmente não custa muito fazer isso. E realmente não importa tanto assim se você pensa que está certo ou errado. Argumentar com quem está se sentindo prejudicado só vai aumentar o problema.

Tenha isso em mente na próxima vez que escolher um botão. Qual vai apertar para o seu cliente?

Os bons e velhos tempos

Apenas alguns anos atrás, produzíamos vários produtos diferentes. Hoje, temos apenas um: o Basecamp. Desistimos de todo o resto e dos milhões de dólares a mais de receita em potencial para que pudéssemos focar.

Geralmente as empresas diminuem suas ofertas de produtos quando estão indo mal nos negócios. Nós fizemos o oposto. Fizemos os cortes quando estávamos no auge. E, a partir do momento em que fizemos isso, a situação só melhorou.

Não se ouve falar muito sobre isso no mundo dos negócios. Abrir mão de crescimento e de receita. As empresas são cultural e estruturalmente encorajadas a ficarem cada vez maiores.

Mas, ao longo dos anos, conversamos com muitos empresários presos a essa lógica de ter sempre que crescer. E, mesmo que muitos se sintam orgulhosos de suas conquistas, outros tantos falam com saudade sobre os bons tempos em que seu negócio era mais simples. Dos dias menos complexos, com menos confusão e dor de cabeça.

À medida que ouvíamos nossos colegas empreendedores relembrando os velhos tempos, começamos a pensar: "Por que não diminuem o crescimento e se aproximam mais do tamanho mais agradável de negócio para eles?" Quaisquer que sejam as pressões sofridas, não existe nenhuma lei ditando que as empresas devem crescer rapidamente e até o infinito. Há apenas um monte de axiomas bobos como "se você não está crescendo, está morrendo". Quem disse isso?

Decidimos que, se antigamente é que era bom, daríamos nosso melhor para simplesmente continuar lá. Manter a empresa com um tamanho administrável e sustentável. Iríamos crescer, mas aos poucos e com tudo sob controle. Ficaríamos nos bons e velhos tempos, então não seria preciso chamá-los de velhos.

Logo concordamos que nossa empresa teria o menor tamanho possível pelo máximo de tempo possível. Em vez de continuar a inventar novos produtos, assumir mais responsabilidades e aumentar nossas obrigações, trabalhamos continuamente para reduzir e suavizar a carga de trabalho, mesmo em tempos de prosperidade. Reduzir quando está tudo bem é o luxo de se ter uma empresa calma, lucrativa e independente.

Hoje, estamos mais parecidos com o que éramos doze anos atrás do que cinco anos atrás. E isso é ótimo. Por todo esse tempo, nós conseguimos manter nossa margem de lucro, aumentando os benefícios para nossos funcionários e criando um ambiente que permite às pessoas realizarem o melhor trabalho de suas carreiras.

E isso não tem nada de velho. Nem de louco.

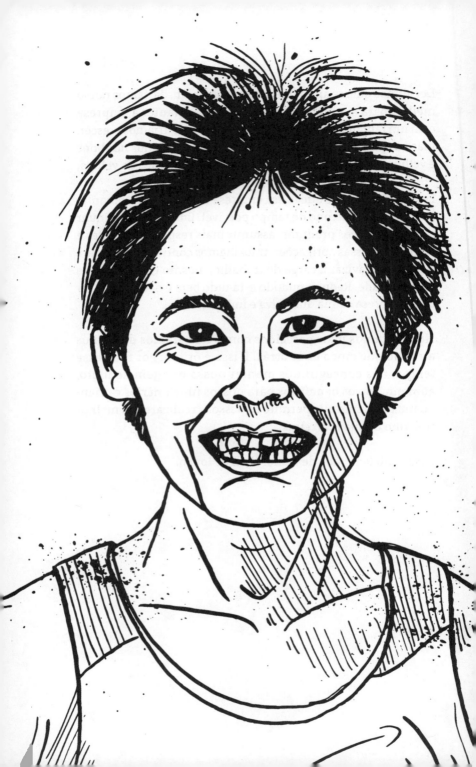

O MARATONISTA JAPONÊS YURI KAWAUCHI, QUE VENCEU A MARATONA DE BOSTON EM 2018, TREINA APENAS UMA VEZ POR DIA PORQUE TEM UM EMPREGO PÚBLICO EM TEMPO INTEGRAL E ACREDITA QUE DEVE RESPEITAR O "LIMITE DE MILHAGEM" NATURAL DE SEU CORPO.

Para finalizar

Escolha a calma

Uma empresa é um conjunto de escolhas. Todos os dias você tem uma nova chance de fazer uma nova escolha. Uma escolha diferente.

Vai continuar permitindo que as pessoas prejudiquem o tempo umas das outras? Ou vai escolher proteger o tempo e a atenção delas?

Vai continuar forçando-as a trabalhar dez horas por dia, ou sessenta horas por semana? Ou prefere que haja horas razoáveis de trabalho, mas realmente usadas para trabalhar?

Vai continuar a exigir que as pessoas passem o dia acompanhando dezenas de conversas em tempo real? Ou vai aliviar o peso dessas verdadeiras correntes de informação e possibilitar que seus funcionários tenham o foco que precisam para fazer seu melhor trabalho?

Vai continuar esperando que todos respondam a tudo imediatamente? Ou vai decidir que considerar e contemplar são mais importantes do que se comunicar?

Vai continuar a gastar mais dinheiro do que ganha, esperando que um dia o lucro finalmente se materialize? Ou vai escolher parar de crescer até que os números trabalhem a seu favor?

Vai continuar acumulando mais trabalho e ignorando os prazos? Ou vai preferir dar às equipes o controle sobre quanto tempo é necessário para realizar os projetos?

Vai continuar tirando as pessoas de um trabalho incompleto para jogá-las em um novo trabalho incompleto? Ou vai escolher terminar o que começou antes de passar para o próximo desafio?

Vai continuar dizendo "Isso nunca vai funcionar para o nosso negócio"; "Eu preciso atender mesmo se o cliente ligar às onze da noite"; "Não tem problema em pedir que uma pessoa trabalhe durante as férias"? Ou vai finalmente escolher fazer uma mudança?

Você tem uma escolha. E, se não tem o poder de fazer as coisas mudarem na empresa inteira, encontre seu próprio poder de mudança. Sempre há a opção de mudar a si próprio e as próprias expectativas. Mude a maneira como você interage com as pessoas. Mude a forma como se comunica. Comece a proteger seu tempo.

Não importa qual seja a sua função em uma empresa, você pode começar fazendo escolhas melhores. Escolhas que abandonam a loucura e se aproximam da calma.

Ter uma empresa calma é uma opção. Faça a sua escolha.

Obrigado por ter lido este livro.

MESMO COM TODO O TRABALHO NO QUAL ESTÁ ENVOLVIDA, OPRAH WINFREY CONSEGUE TEMPO PARA MEDITAR, PASSEAR COM OS CACHORROS E CUIDAR DO JARDIM.

Bibliografia

Isabel Allende
Salter, Jessica. "Inside Isabel Allende's World: Writing, Love and Rag Dolls." ["Por dentro do mundo de Isabel Allende: escrita, amor e bonecas de pano", em tradução livre.] *The Telegraph*, 19 de abril de 2013. https://www.telegraph.co.uk/culture/books/authorinterviews/10003099/Inside-Isabel-Allendes-world-writing-love-and-rag-dolls.html. Texto em inglês, acessado em junho de 2018.

Maya Angelou
Currey, Mason. *Os segredos dos grandes artistas*. 1ª ed. Rio de Janeiro: Elsevier, 2013.

Yvon Chouinard
Welch, Liz. "The Way I Work: Yvon Chouinard, Patagonia." ["A forma como eu trabalho: Yvon Chuinard, Patagonia", em tradução livre.] *Inc.*, 12 de março de 2013. https://www.inc.com/magazine/201303/liz-welch/the-way-i-work-yvon-chouinard-patagonia.html. Texto em inglês, acessado em junho 2018.

Brunello Cucinelli
Malik, Om. "Brunello Cucinelli." *Pico*. https://pi.co/brunello-cucinelli-2/. Texto em inglês, acessado em junho de 2018.

Charles Darwin
Currey, Mason. *Os segredos dos grandes artistas*. 1ª ed. Rio de Janeiro: Elsevier, 2013.
Dunne, Carey. "Charles Darwin and Charles Dickens Only Worked Four Hours a Day — and You Should Too." ["Charles Darwin e Charles Dickens trabalhavam apenas quatro horas por dia e você deveria fazer o mesmo", em tradução livre.] *Quartz*, 22 de março de 2017. https://qz.com/937592/rest-by-alex-soojung-kim-pang-the-daily-routines-of-historys-greatest-thinkers-make-the-case-for-a-four-hour-workday/. Texto em inglês, acessado em junho de 2018.

Simone de Beauvoir
Gobeil, Madeleine. "Simone de Beauvoir, The Art of Fiction Nº 35." ["Simone de Beauvoir, a arte da ficção nº 35", em tradução livre.] *The Paris Review*,

primavera-verão de 1965. https://www.theparisreview.org/interviews/4444/simone-de-beauvoir-the-art-of-fiction-no-35-simone-de-beauvoir. Texto em inglês, acessado em junho de 2018.

Charles Dickens
Andrews, Evan. "8 Historical Figures with Unusual Work Habits." ["Oito figuras históricas com hábitos de trabalho incomuns", em tradução livre]. History.com, 20 de janeiro de 2015. https://www.history.com/news/8-historical-figures-with-unusual-work-habits. Texto em inglês, acessado em junho de 2018.

Sandra Faber
Annual Reviews. *An Interview with Sandra Faber* (podcast). [*Uma entrevista com Sandra Faber* (podcast), em tradução livre.] Annual Reviews Audio. Disponíveis em http://www.annualreviews.org/userimages/ContentEditor/1299600853298/SandraFaberInterviewTranscript.pdf. Texto em inglês, acessado em junho de 2018.

Atul Gawande
Cunningham, Lillian. "Atul Gawande on the Ultimate End Game." ["O ultimato de Atul Gawande", em tradução livre.] *The Washington Post*, 16 de outubro de 2014. https://www.washingtonpost.com/news/on-leadership/wp/2014/10/16/atul-gawande-on-what-leadership-means-in-medicine/?noredirect=on&utm_term=.33087789b83c. Texto em inglês, acessado em junho de 2018.

Stephen Hawking
Newport, Cal. "Stephen Hawking's Productive Laziness." ["A preguiça produtiva de Stephen Hawking", em tradução livre.] *Study Hacks Blog*, 11 de janeiro de 2017. http://calnewport.com/blog/2017/01/11/stephen-hawkings-productive-laziness/. Texto em inglês, acessado em junho de 2018.

Yuki Kawauchi
Barker, Sarah. "What the World's Most Famous Amateur Can Teach Pro Runners." ["O que o velocista amador mais famoso do mundo pode ensinar aos profissionais", em tradução livre.] *Deadspin*, 9 de janeiro de 2018. https://deadspin.com/yuki-kawauchi-can-teach-you-how-to-run-1821725233. Texto em inglês, acessado em junho de 2018.

Tony Kushner
Brodsky, Katherine. "Fast Scenes, Slow Heart." ["Cenas rápidas, coração lento", em tradução livre.] *Stage Directions: The Art and Technology of Theatre*, 31 de março de 2010. http://stage-directions.com/current-issue/106-plays-a-playwriting/2258-fast-scenes-slow-heart.html. Texto em inglês, acessado em 2018.

Gustav Mahler
Eichler, Jeremy. "Glimpsing Mahler's Music in Its Natural Habitat." ["Um estudo da música de Mahler em seu habitat natural", em tradução livre.] *The Boston Globe*, 7 de abril de 2016. https://www.bostonglobe.com/arts/music/2016/04/07/glimpsing-mahler-music-its-native-habitat/JlZewrlLp6fIiOgpUDwoLO/story.html#. Texto em inglês, acessado em 2018.
van der Waal van Dijk, Bert. "1893-1896 Hotel Zum Hollengebirge (Composing cottage)" ["1893-1896 Hotel Zum Hollengebirge (o chalé da composição)", em tradução livre]. Gustav-Mahler.eu, 12 de fevereiro de 2017. https://www.gustav-mahler.eu/index.php/plaatsen/168-austria/steinbach-am-attersee/3255-composing-cottage. Texto em inglês, acessado em junho de 2018.

Haruki Murakami
Wray, John. "Haruki Murakami, The Art of Fiction Nº 182." ["Haruki Murakami, a arte da ficção nº 182", em tradução livre.] *The Paris Review*, verão de 2004. https://www.theparisreview.org/interviews/2/haruki-murakami-the-art-of-fiction-no-182-haruki-murakami. Texto em inglês, acessado em junho de 2018.

Shonda Rhimes
McCorvey, J. J. "Shonda Rhimes' Rule of Work: 'Come Into My Office with a Solution, Not a Problem.'" ["A regra de trabalho de Shonda Rhimes: 'Venha à minha sala com uma solução, não com um problema'", em tradução livre.] *Fast Company*, 27 de novembro de 2016. https://www.fastcompany.com/3065423/shonda-rhimes. Texto em inglês, acessado em junho de 2018.

Alice Waters
Hambleton, Laura. "Chef Alice Waters Assesses Benefits of Old Age." ["A chef Alice Walters usufrui dos benefícios de envelhecer", em tradução livre.] *The Washington Post*, 18 de novembro de 2013. https://www.washingtonpost.com/national/health-science/chef-alice-waters-assesses-benefits-of-old-age/2013/11/18/321e993a-1a37-11e3-82ef-a059e54c49d0_story.html?utm_term=.3752bff9e22d. Texto em inglês, acessado em junho de 2018.

Colson Whitehead
Whitehead, Colson. "I'm Author Colson Whitehead — Just Another Down on His Luck Carny with a Pocketful of Broken Dreams — AMA." ["Eu sou o autor Colson Whitehead — apenas mais um azarado com o bolso cheio de sonhos destruídos", em tradução livre.] Reddit, 26 de março de 2018. https://www.reddit.com/r/books/comments/878ytl/im_author_colson_whitehead_just_another_down_on/. Texto em inglês, acessado em junho de 2018.

Oprah Winfrey
Silva-Jelly, Natasha. "A Day in the Life of Oprah." ["Um dia na vida de Oprah", em tradução livre.] *Harper's Bazaar*, 26 de fevereiro de 2018. https://www.harpersbazaar.com/culture/features/a15895631/oprah-daily-routine/. Texto em inglês, acessado em junho de 2018.

Contato

Nos mande um e-mail
O que achou do livro? Conte para nós em calm@basecamp.com. Nós lemos todos os e-mails e fazemos nosso melhor para responder.

Nos siga no Twitter
Nossos perfis no Twitter são @jasonfried para o Jason Fried, @dhh para o David Heinemeier Hansson, e @basecamp para a empresa.

Conheça nosso produto
Utilizada por mais de cem mil empresas no mundo inteiro, a Basecamp é a forma mais calma de organizar o trabalho, gerenciar projetos e simplificar a comunicação de uma empresa. Experimente a versão gratuita em basecamp.com.

Leia nosso manual do funcionário
Nossos valores, nossa estrutura, nossos métodos e benefícios, entre outros, estão disponíveis para todos em basecamp.com/handbook.

Conheça nosso blog
Compartilhamos novas ideias e opiniões regularmente em nosso blog, o *Signal v. Noise*. Você pode acessá-lo em signalvnoise.com.

Assine nossa newsletter
Mais ou menos uma vez ao mês, anunciamos para todos o que há de novo na Basecamp. Assine em http://basecamp.com/newsletter.

Outros livros que escrevemos
Conheça outros livros em basecamp.com/books.

Veja alguns vídeos
Assista a conversas de Jason, David e outros membros da equipe da Basecamp sobre uma grande variedade de assuntos em basecamp.com/speaks.

Conheça sua empresa
O site knowyourcompany.com ajuda empresários a conhecer melhor seus funcionários e a superar problemas nas empresas.

Saiba mais sobre nós
Conheça mais em basecamp.com/about e basecamp.com/team.

Dedicatória

Jason Fried:
À minha família, à oportunidade e à sorte. A vocês, todo o meu amor e o meu obrigado.

David Heinemeier Hansson:
Para Jamie, Colt e Dash, pelo seu amor, que fornece a paciência e perspectiva na busca pela calma no trabalho.

Sobre os autores

Jason Fried é cofundador e CEO da Basecamp. Ele deu início à empresa em 1999 e está no comando desde então. Junto com David, escreveu *Getting Real*, *Reinvente sua empresa* e *Remote*. Em se tratando de negócios, Jason acredita que as coisas são simples até que se tornem complicadas. Mas, em se tratando da vida, acha que é melhor ir descobrindo ao longo do caminho.

David Heinemeier Hansson é cofundador da Basecamp e coautor do best-seller pelo *The New York Times Reinvente sua empresa* e *Remote*. É também o criador do software *Ruby on Rails*, que foi usado para lançar e potencializar o Twitter, Shopify, GitHub, Airbnb, Square e mais de um milhão de outros sites. Nascido na Dinamarca, mudou-se para Chicago em 2005 e agora divide seu tempo entre os Estados Unidos e a Espanha com a esposa e os dois filhos. No tempo livre, gosta de corridas de carro, de tirar fotos clichês do pôr do sol e das crianças e de xingar muito no Twitter.

Este livro foi impresso pela Assahi, em 2020, para a HarperCollins Brasil. O papel do miolo é pólen soft 80g/m², e o da capa é cartão 250g/m².